Research on Economic Thought

主　编 王立胜

执行主编 周绍东

经济思想史研究

⊙ 新中国成立以来中国化马克思主义政治经济学的发展

⊙ 新中国七十年来马克思主义政治经济学的创新

⊙ 中国特色社会主义政治经济学历史论纲

⊙ 经济学两大研究传统视野下的明斯基思潮

⊙ 近代中国社会性质理论史的"法权分析"阶段

⊙ 近年来学界有关马克思"重新建立个人所有制"的
理论争论及评析

⊙ 熊十力本体论批判思想及其思维学意义

⊙ 经济发展思想的中国印记

山东城市出版传媒集团·济南出版社

图书在版编目(CIP)数据

经济思想史研究.第2辑/王立胜主编.—济南：
济南出版社,2020.3
ISBN 978－7－5488－4121－0

Ⅰ.①经… Ⅱ.①王… Ⅲ.①经济思想史－研究－世
界 Ⅳ.①F091

中国版本图书馆 CIP 数据核字(2020)第 043682 号

出 版 人 崔　刚
责任编辑 郑　敏
封面设计 侯文英

出版发行 济南出版社
地　　址 山东省济南市二环南路 1 号(250002)
发行热线 0531－86131728　86922073　86131701
印　　刷 天津画中画印刷有限公司
版　　次 2020 年 4 月第 1 版
印　　次 2024 年 1 月第 2 次印刷
成品尺寸 185mm×260mm　16 开
印　　张 7.5
字　　数 180 千
定　　价 58.00 元

《经济思想史研究》工作委员会

卷 首 语

本卷收录发言稿3篇,研究论文4篇,书评1篇。2019年4月19日,"中国社会主义政治经济学七十年:回顾与展望"学术研讨会在北京举行。本卷收录了北京大学顾海良教授和南开大学逢锦聚教授主题发言的部分内容。其中,顾海良教授围绕新中国成立以来中国化马克思主义政治经济学的发展进行了阐述;逢锦聚教授将新中国七十年来马克思主义政治经济学的发展分为三个阶段,并就三个阶段取得的创新成果进行了提炼和总结。本卷还收录了中国社会科学院哲学研究所王立胜书记在中国人民大学"政治经济学大讲堂"所做报告的部分内容。

本卷收录的研究论文包括:中国人民大学李黎力副教授的《经济学两大研究传统视野下的明斯基思潮》,厦门大学邱士杰博士的《近代中国社会性质理论史的"法权分析"阶段》,中央财经大学何召鹏副教授的《近年来学界有关马克思"重新建立个人所有制"的理论争论及评析》,江西财经大学许光伟教授的《熊十力本体论批判思想及其思维学意义》。以上4篇论文涵盖了西方经济学思想、中国近代经济思想、中国社会主义政治经济学以及中国传统经济思想等方面内容,体现了本刊追求兼容并包的学术旨趣。此外,本卷还刊有武汉大学颜鹏飞教授的书评《经济发展思想的中国印记——评〈中国特色发展经济学:探索与构建〉》。

目　录

新中国成立以来中国化马克思主义政治经济学的发展

顾海良

中国化马克思主义政治经济学七十年，包含了两大理论：过渡时期的理论与社会主义经济理论。中国社会主义政治经济学实际上包括两段：一段是中国特色社会主义政治经济学的开创，始于 1956 年我国社会主义基本制度的确立；一段是改革开放以来，中国特色社会主义政治经济学的形成和发展。其中，新中国成立以来的过渡时期是中国化马克思主义政治经济学的一个特色。过渡时期是一个世界性难题，西方主流马克思主义政治经济学主要研究封建社会向社会主义社会过渡的问题；而我国的实践与研究是非社会主义经济向社会主义经济过渡的问题。这一阶段尽管非常短暂，却非常辉煌。七十年后再回顾这七年，我们需要完成的是：以先辈们总结经验形成的理论为基础，从理论上升为体系，从而推动经济思想史的发展。

1956 年，社会主义制度基本建立，我国进入了社会主义社会。社会主义建立到改革开放前，是一个非常重要的时期。在这一时期，毛泽东留下了众多政治经济学的宝贵财富。第一，从方法论意义上，提出了马克思主义与中国实际的"第二次结合"。第二，形成了三大理论成果：其一，矛盾分析方法；其二，统筹兼顾、综合平衡；其三，农轻重关系。

第三个阶段是改革开放新时期。我认为，生产力是中国特色社会主义政治经济学形成的一个起点。1956 年毛泽东在与知识分子谈话中，对中国社会主义政治经济学研究对象和方法，做了一个透彻的论述。1977 年 8 月，邓小平在和胡乔木、邓立群、于光远三人的谈话中，解释、批判了唯生产力的误区。1978
年召开的十一届三中全会，把全党工作重点转移到社会主义现代化建设上来，
解放和发展生产力成为党和国家的工作重点。因此，解放生产力、保护生产力、
发展生产力是中国特色社会主义政治经济学的历史起点，也是逻辑起点。

第四个阶段是改革开放新时代。总体而言，中国化马克思主义政治经济学
七十年的发展，为我们留下了极其宝贵的财富。先辈们从经验上升到理论，今
天我们需要做的是：进一步将理论上升到人类思想史的高度，上升到系统化的
经济学说的高度。

（本文是作者 2019 年 4 月 19 日在北京会议中心举行的"中国社会主义政治
经济学七十年：回顾与展望"学术研讨会上的发言摘要）

（作者单位：北京大学）

新中国七十年来马克思主义政治经济学的创新

逄锦聚

新中国政治经济学探索包括三个阶段，形成了三大成果。第一个阶段是改革开放前，这一阶段形成了毛泽东思想中的经济思想。政治经济学的探索主要是马克思主义政治经济学得以学习、运用，毛泽东思想得以进一步丰富和发展，在学习、借鉴苏联社会主义建设经验和苏联政治经济学教科书的同时，从中国的实际出发，探索社会主义建设的规律，揭开了中国社会主义政治经济学探索的序幕。第二个阶段是改革开放新时期，产生了马克思主义中国化新的理论成果：邓小平理论、"三个代表"重要思想、科学发展观。政治经济学的探索主要包括改革开放理论的探索、社会主义初级阶段理论的探索、基本经济制度和分配制度的探索、社会主义商品经济和市场经济的探索、经济发展理论的探索等。第三个阶段是党的十八大以来，中国特色社会主义进入了新时代。政治经济学的探索主要是新时代社会主要矛盾的理论、基本特征理论、本质特征理论、全面深化改革理论、新发展阶段和发展理念的探索等，学者们共同努力，推动着社会主义政治经济学的发展，催生、创立了中国特色社会主义政治经济学。这一时期产生了习近平新时代中国特色社会主义思想，其中包括习近平新时代中国特色社会主义经济思想。在这一思想的指导下，我国将全面建成小康社会，建成社会主义现代化强国，实现中华民族伟大复兴，并为解决全人类问题贡献中国智慧和中国方案。

从方法论意义上总结政治经济学探索的三条宝贵经验：第一，把马克思主义与中国实际和时代特征相结合，从中国和时代的实际出发，建设中国特色社会主义政治经济学；第二，坚持用好中国特色社会主义政治经济学的实践与理论来源；第三，把人类的伟大实践创造、知识界的学术智慧和中国共产党的理论创新紧密结合起来。

（本文是作者 2019 年 4 月 19 日在北京会议中心举行的"中国社会主义政治经济学七十年：回顾与展望"学术研讨会上的发言摘要）

（作者单位：南开大学）

中国特色社会主义政治经济学历史论纲

王立胜

非常高兴能够跟大家一起研讨中国特色社会主义政治经济学的问题。我最早在中共山东省委党校从事马克思主义哲学以及中共党史的教学和研究，大概有八年时间。以后就到基层去了，在潍坊市委工作了两年，之后当了五年县长和五年市委书记，然后因为 2010 年开始的新一轮援疆到了新疆，在新疆待了五年半。2016 年到中国社会科学院经济研究所，又回到研究岗位上来了。我的学术背景是：在山东大学读的哲学硕士，在东北师大读的中共党史博士；当县长时思考产业经济和区域经济问题，当书记时又研究社会学、历史学、文化学；到了新疆，又因为新疆民族问题、宗教问题很复杂、很突出，将新疆治理作为必须研究的首要问题。

一、 中国特色社会主义政治经济学史研究的重要性

关于政治经济学，过去我在读书的时候作为专业课学过，也通读过《资本论》，读哲学硕士时思考过《资本论》的哲学问题，但是谈不上研究，更没有进行过系统研究。到中国社会科学院经济研究所之后，因为我的工作是牵头搞当代中国马克思主义政治经济学创新智库，才认真、系统地思考政治经济学问题。我是 2016 年元月到中国社会科学院的，做的第一件事情就是筹备当代中国马克思主义政治经济学创新智库。2016 年 8 月 20 日，这个智库挂牌成立，还合并召

开了中国特色社会主义政治经济学论坛第 18 届年会，接着又成立了《资本论》研究室。今年又成立了中国社会科学院全国中国特色社会主义政治经济学研究中心。这一切都是响应习近平总书记关于中国特色社会主义政治经济学问题的一系列指示而做的工作。跟在座的各位比，对于政治经济学我既是门外汉又是初学者，大家都是内行，我应该多向大家学习。说是来讲课，不如说是给了我一个向大家学习的机会。

这个题目是张宇院长定的，我觉得确定这样一个题目很有意义。中国特色社会主义政治经济学无疑是一个理论体系，但这个理论体系不是先验的理论建构，它一定有一个发生发展的历史，一定表现为一个历史发展过程。去年国家社科规划办重大招标项目，给我批准了一个课题"中国特色社会主义政治经济学探索"。我们团队准备形成两个成果：一个是"中国特色社会主义政治经济学理论体系"，一个是"中国特色社会主义政治经济学学说史"。一个是论，一个是史。史论结合，论从史出。离开了史的研究，论就失去了根基；离开了论的研究，史就失去了灵魂。中国特色社会主义政治经济学的研究，必须史论结合，历史维度和理论维度相结合，这个结合的基础必定是当代中国的社会实践。实际上，今天的这个题目就是讲中国特色社会主义政治经济学的学说史。中国特色社会主义政治经济学发展史研究还很薄弱，当然了，这个概念才刚刚提出，这是很重要的原因。但是，中国的经济学乃至政治经济学研究缺少历史维度的关切是深层原因。虽然到目前为止，没有一部中国特色社会主义政治经济学史的著作，但是也有一些相关著作，比如我们社科院经济所的老所长张卓元先生有一本《新中国经济学史纲（1949—2011）》，这部著作是这方面分量比较重的一个成果。张卓元先生的研究具有鲜明的实践性和针对性，这是因为他在写作中将自己置于历史过程之中，以他的亲身经历确证历史的过程，因为他本身就是当代中国经济学发展的见证者，是很多经济学发展的重大事件的参与者。另外还有一些文章和著作，但总体上看，成果不多。恩格斯讲过，政治经济学是一门历史的科学。历史是理论体系的根据和来源，理论研究要以历史研究为基础。所以我们在申报重大课题的时候，是把中国特色社会主义政治经济学学说史的研究作为一项非常重要的基础性的工作来对待的。

建构中国特色社会主义政治经济学理论体系是一项任重道远的任务，从目前情况看，有很多需要解决的前提性和基础性问题，而这些问题的解决必须首先求助于历史过程，从历史研究中寻求答案。

第一，从历史研究中抽象出中国特色社会主义政治经济学理论体系建构的基本原则。习近平总书记2016年5月17日在哲学社会科学工作座谈会上明确提出了建构中国特色哲学社会科学的任务，要求建设中国特色、中国风格、中国气派的哲学社会科学。这个要求落实到经济科学的建设上就是建构中国特色、中国风格、中国气派的经济科学，而中国特色社会主义政治经济学是建构中国特色、中国风格、中国气派经济科学的指导思想和理论基础。所以，我们的首要任务是要建构中国特色社会主义政治经济学理论体系。具体来说，就是要建构中国特色社会主义政治经济学的学术体系、学科体系和话语体系。从目前来看，建构这样一个学术体系和学科体系难度是很大的，如果要写教材的话，难度就会更大。我们认为，只有在学术体系的基础上形成一个理论体系，在这个理论体系的基础上才能建构一个大家都公认的学科体系，这个学科体系的载体就是教材。学术体系追求的目标是对问题的学术研究，其表现形式往往是专著，把对问题进行学术研究形成的学术成果系统化、理论化，形成逻辑自洽的理论表达，就形成了理论体系。在理论体系的基础上调整叙述结构，以便于某种接受对象接受，就形成了各种各样的教材。很明显，这是一个艰难的过程。所以，在短时间内建构一个中国特色社会主义政治经济学理论体系是不现实的。但是，我们又不能坐等这个目标的实现，而是要积极作为。积极的态度应该是在马克思主义政治经济学基本原理的指导下，借鉴国外的一些优秀成果，吸收中国优秀传统文化成果，通过对中国经济发展历史事实的研究以及中国经济学说发展史的研究，抽象出一些应该遵循的基本原则，这些原则对建构中国特色社会主义政治经济学起到一个四梁八柱的作用。

第二，将各种经济学派置于历史环境中对其哲学前提进行批判性反思，建构中国特色社会主义政治经济学的哲学基础。我认为中国特色社会主义政治经济学理论体系的建构，之所以会出现那么多认识上的分歧，是因为连一些基本问题都在争论，难以达成共识，比如研究对象的问题、主线的问题、逻辑起点的问题，等等。在这种情况下，试图在短期之内搞出一个大家相对公认的理论体系来是非常难的。但是我们又不能坐等着，这个状况可以概括成一句话：等不得，但也急不得。等不得就是实践必须马上做，急不得就是要好好下功夫研究，遵循学术研究规律。目前可喜的现象是全国研究中国特色社会主义政治经济学的力量已经动员起来了，特别是很多年轻人对中国特色社会主义政治经济学的研究表现出浓厚的兴趣。大家积极来参加这个培训班就是一个现实表现。我认为，之所以在一些基础性的问题上争论不休、难以达成共识，一个重要的原因就是在理论体系的哲学基础上有着重要分歧。任何一个理论体系都有支撑它成为理论体系的哲学基础和方法论前提。中国特色社会主义政治经济学理论体系的建构也必定有其哲学基础和方法论前提。我们的首要任务就是要确定这个哲学基础和方法论前提。怎么确定这个基础和前提呢？那就是对现有的经济学理论主要流派的哲学基础和方法论前提进行哲学层面的梳理。马克思当年用的就是这个思路，他把这个工作叫作政治经济学批判，《资本论》的副标题就是"政治经济学批判"。正是在政治经济学批判的基础上确立了马克思主义经济学的哲学基础和方法论，唯物史观就是在政治经济学批判的过程中确立的。唯物史观成为马克思政治经济学理论体系建构的哲学基础和方法论前提。中国特色社会主义政治经济学理论体系的建构也应该首先做这个方面的工作。从一般意义上讲，中国特色社会主义政治经济学理论体系的哲学基础和方法论前提也应该是马克思主义唯物史观，但是这个唯物史观应该是中国化的马克思主义唯物史观，是马克思主义唯物史观的中国版，这就需要我们在马克思主义唯物史观中国化的新的历史形态上做出积极努力。

第三，我们建构的中国特色社会主义政治经济学是"中国特色社会主义"的政治经济学，其重心应该是"中国特色社会主义"，它不是一般意义上的社会主义政治经济学，而是"中国特色社会主义"的政治经济学这样一个特殊理论。其历史根基是中国特色社会主义历史实践，是对中国特色社会主义经济建设历史规律的理论提升和历史经验的理论总结，是中国特色社会主义经济建设经验的系统化学说。所以，中国特色社会主义政治经济学理论体系的建构离不开对中国现代经济史尤其是中国当代经济史的研究。

第四，中国特色社会主义政治经济学虽然是当代中国的马克思主义政治经济学，奠基于现代中国尤其是改革开放以来的经济实践，但是归根结底，它承载着中国文化的文明基因，是中国文化的历史积淀在当代思想理论体系中的表现，是具有中国特色、中国风格、中国气派的政治经济学学科体系。在"5·17"讲话中，习近平总书记提出了建构中国特色哲学社会科学的总体任务，认为中国特色哲学社会科学的建构要体现继承性、民族性，原创性、时代性，系统性、专业性。这是中国特色哲学社会科学应该具有的特点。中国特色哲学社会科学的建构可以充分利用三个方面的资源：一是马克思主义的资源，这是中国特色哲学社会科学的主体内容，也是中国特色哲学社会科学发展的最大增量；二是中国优秀传统文化的资源，这是中国特色哲学社会科学发展十分宝贵、不可多得的资源；三是国外哲学社会科学的资源，这可以成为中国特色哲学社会科学的有益滋养。习近平总书记明确指出了建构中国特色哲学社会科学要重视中国优秀传统文化资源的问题。中国特色社会主义政治经济学理论体系的建构，其主体内容无疑是马克思主义政治经济学，国外经济学的积极成分也会成为其有益的滋养，同时也不能忽视中国优秀文化基因的作用。中国特色社会主义政治经济学的文明基因研究，应该成为建构中国特色社会主义政治经济学理论体系的一个重要课题。在中国特色社会主义政治经济学研究过程中，我们遇到的很多有关中国的重大问题，在传统的经济学理论范围内解决不了的问题，如果放到中国传统文化的范围内思考，或者从中国文明这样一个视角去看的话，可能问题就迎刃而解了。比如中国特色社会主义政治经济学的一个基本问题，也就是社会主义和市场经济的关系问题，这个问题不解决，中国特色社会主义政治经济学理论体系也就没法建构。我们也可以说"社会主义市场经济"是中国特色社会主义政治经济学理论体系最基本的假设。邓小平把这个假设提出来了，社会主义也可以搞市场经济，从思想层面提出了问题。通过政治动员，发动思想解放运动，也达成了基本共识，并成为中国人民的一致行动，但是还没有得到理论层面的逻辑论证。当然了，也有很多学者试图从理论层面说明这个问题，但是没有在理论的框架内达成一致意见。传统政治经济学和西方主流经济学都认为社会主义和市场经济是不能结合的，认为要么就是社会主义，要么就是市场经济。可是中国的实践证明，这个结合取得了成功。中国在社会主义市场经济这个崭新理论的指导下，成为世界第二大经济体。在铁的事实面前，任何人也无法再说中国没有成功。中国特色社会主义"特"就"特"在社会主义和市场经济二者结合的成功上。事实已经证明了这个命题的真理性。可是这个命题真理性的逻辑证明，似乎还是个世界性的经济学难题。中国特色社会主义政治经济学理论体系的建构，就是要从理论逻辑上解决这个难题。解决这个难题的办法，就是要在思维方式上超越传统政治经济学与西方主流经济学的研究范式，将问题置于中国文化的视野中进行思考。中华文明的思维方式可以从思维的整体性上化解这个矛盾。中华文明的思维方式和西方文明的思维方式是不一样的。西方文明的思维方式有一个非常重要的特点，就是非此即彼，中华文明的思维方式是亦此亦彼的，就是承认一个事物既是这样又是那样的。所以很多事情放在中华文明的范围之内去思考，就会得出与西方文明思维方式不同的结论。社会主义和市场经济确实是两种不同的东西，但是在中华文明的思维方式中，这两种不同的事物完全可以找到结合的环节，也就是习近平总书记反复说的最大公约数，形成一种当代中国的社会主义文化。这种文化因为市场经济使中国的社会主义富有活力，这种文化因为社会主义使市场经济有了正确的方向。中国特色社会主义把社会主义和市场经济两种优势结合在一起，在中国这块大地上使社会主义焕发出蓬勃的生机活力。

第五，中国特色社会主义政治经济学又是以问题为导向的现实的政治经济学。所以，解决中国特色社会主义现实当中的一系列重大问题也是其重要任务。这个体系的时代性和原创性的根据也在这里。

第六，建构中国特色社会主义政治经济学还必须把这个理论体系的范畴研究作为重要向度，而对一个理论体系范畴的研究离不开对一系列范畴的形成和发展的历史进行梳理。中国特色社会主义政治经济学范畴史的研究也是一项重要任务。举一个很简单的例子：政府职能的概念。政府职能概念的含义是什么？政治经济学应该研究这个问题，行政管理学也在研究这个问题，政治学也在研究这个问题。这个概念在 1982 年提出，到 1986 年中央文件确认，以后一直在使用。这个概念是从国外传过来的，首先是行政管理的概念和政府管理的概念。那么，在政治经济学的理论思路中又该怎么理解它？它的含义是什么？类似的概念，像经济体制、运行机制、结构性改革等，都应该进行历史的梳理。从新中国成立到目前有 70 年时间了，从改革开放到目前也有 40 年了，很多重要的概念和范畴，都有一个历史演变的过程。这些概念和范畴的内涵与外延都随着实践的发展而有些变化，哪些概念和范畴应该成为这个理论体系的重要支撑，哪些概念和范畴是这个理论体系的核心概念和范畴，都应该进行系统研究。

二、 研究中国特色社会主义政治经济学史必须首先明确中国特色社会主义政治经济学的概念

研究中国特色社会主义政治经济学史，还必须首先明确一个问题：如何理解中国特色社会主义政治经济学这个概念。邱海平教授很有创意地进行了概念辨析，认为这个概念可以作两种理解：一是理解为中国特色的社会主义政治经济学；一是理解为中国特色社会主义的政治经济学。很显然，这两种理解差别巨大，这个"的"字放的地方不一样，这个概念的含义就完全不一样了。如果是中国特色的社会主义政治经济学，"中国特色"就成为修饰社会主义政治经济学的词汇了，强调的是社会主义政治经济学的普遍性。如果是中国特色社会主义的政治经济学，"中国特色社会主义"作为一个整体词汇出现，强调的是中国的社会主义，那中国特色社会主义政治经济学就是研究中国特色社会主义这样一个特殊的经济形态的政治经济学，探讨的是中国的经济发展规律，其重心就不是社会主义经济规律一般，而是中国社会主义经济规律特殊，就是对 1956 年以来尤其是改革开放以来中国经济发展规律的揭示。邱海平教授是主张后者的，我赞同邱教授的意见。这样一种

研究思路，恐怕有些经济学家是不同意的，因为很多人认为，经济学揭示的是普遍规律，经济理论只有一个，经济规律没有国度，不分国界。按照我们的看法，中国特色社会主义政治经济学就有了时空的规定性。

在时间维度上，它所揭示的就是中国社会主义初级阶段的经济发展规律，是中国社会主义初级阶段的政治经济学。从1956年算起到2056年一百年时间，这个时间段是从毛泽东到邓小平一直到现在，党中央和历代领导人都认同的。虽然明确提出社会主义初级阶段的概念是在党的十三大，但是中国社会主义建设时间段的划分，应该从毛泽东就开始了。毛泽东在20世纪50年代就认为中国社会主义建设得像个样子，也就是基本实现现代化需要一百年时间，后来邓小平也讲基本实现现代化需要一百年。现在我们提的"两个一百年"的奋斗目标，一个是建党一百年，一个是新中国成立一百年。前一个一百年的奋斗目标是全面实现小康社会，达到一个阶段性目标；后一个一百年的奋斗目标是实现现代化。按照毛泽东当时的设想，是用一百年时间基本实现现代化，这是从1956年社会主义基本制度建立算起的。社会主义初级阶段的历史起点是1956年，但是把新中国成立一百年作为一个时间段的标志很有象征意义，所以很多时候我们是讲新中国成立以后一百年时间基本实现现代化。其实，一百年并不是绝对的一百年这个数字，而是大体上的时间段的判断。最近我一直在考虑一个问题，我们可以把新中国成立作为历史起点，把这个大体上的一百年时间，大致划分成三个三十年，当然每个三十年不是绝对的三十年整，而是三十年左右，我们就把它叫作三个三十年。从1949年到1978年近三十年算是第一个三十年，从1978年到2012年党的十八大三十多年算是第二个三十年，那么党的十八大之后就是开始了第三个三十年。其实这个是有道理的，我在《东岳论丛》（2015年第1期）发表了一篇三万多字的文章——《平等、富裕、公平正义：中国共产党核心执政理念的时代转换》。在这篇文章中，我基本上表达了这种看法，把新中国成立后的头三十年叫作毛泽东时代，中间的三十年叫作邓小平时代，十八大以后应该叫作新时代之开局，也就是习近平时代的开始。其实，三个时代的划分，在2015年以后有些学者也从不同的视角表达了基本相同的看法。新加坡的郑永年先生、清华大学的孙立平先生，也都谈过这个问题。最近北京大学的潘维先生讲了四个三十年，他是延伸到了新中国成立以前，他把新中国成立以前划分到第一个三十年，实际上新中国成立以后也是三个三十年。社会主义初级阶段大体上要一百年时间，如果说中国特色社会主义政治经济学就是社会主义初级阶段的政治经济学，那么，中国特色社会主义政治经济学史就与我们上述的三个三十年密切相关了。中国特色社会主义政治经济学的历史起点就应该是1956年，它的历史发展就应该分三个阶段，大体与三个三十年对应，只是在第一个三十年里面有七年时间是社会主义革命时期。毛泽东在新民主主义革命和建设时期的政治经济学和新中国成立后社会主义革命时期的政治经济学，就应该是中国特色社会主义政治经济学的前史。

在空间维度上，中国特色社会主义政治经济学是中国的经济学，它的空间范围是中国，而不是任何其他什么国家。从这个角度讲，它具有鲜明的国家主体性。中国特色社会主义就是指发生在中国这个空间范围内的社会主义建设实践的理论、制度和实践，中国特色社会主义政治经济学也一定是对中国这个空间范围的中国经济发展规律的理论总结，而不是其他任何国家经济发展规律的总结。当然，这绝对不否定中国特色社会主义政治经济学具有国际意义，也绝对不否定这个理论具有开放性和世界性。改革开放是中国经济发展的一个重要的实践特征，这个实践本身就具有开放特征，反映这个实践的理论自然就会有开放的特征。中国经济的发展是在经济全球化的时代背景中进行的，在这个意义上，中国的经济发展就成为经济全球化过程中世界经济发展的一个重要组成部分，中国特色社会主义政治经济学就是对经济全球化背景下中国经济发展经验的系统化的理论总结的学说。深刻地理解这个问题需要借助哲学思维。20世纪90年代，上海和南京的一些哲学家在研究中国经济快速发展的奥秘时，提出了一个很好的思路，就是倡导建立哲学家和经济学家的联盟，要通过这个联盟解决很多靠单一学科无法解决的问题。南京市委党校的陆剑杰教授就是这个联盟的倡导者之一，他有几部对中国发展的研究很有穿透力的著作，对我启发很大，我从中受益良多。这些著作是《实践唯物主义理论体系的历史逻辑分析》

《19—21世纪中国的命运——中国近现代社会运动基本规律研究》《实践问题和矛盾问题新论》《广义经济结构论》。这些论著看起来是些哲学著作，但是主要研究的是中国经济问题。他们创立了一个新的学科——经济哲学。那个时候，我在中共山东省委党校工作，对他们的研究非常感兴趣，所以密切关注他们的研究进展。经济哲学的研究以《资本论》为必读的经典。我过去对《资本论》的阅读也是哲学的视角。自从到中国社会科学院经济研究所以来，因为研究政治经济学，所以我重读了《资本论》，阅读了近些年来《资本论》的研究成果。我发现了一个意想不到的问题，哲学界对《资本论》的研究成果层出不穷，而经济学界除了一些《资本论》的教材性质的书以外，很少有有分量的成果出现。虽然张一兵教授的《回到马克思》不是专门研究《资本论》的著作，但是从中我们可以领略到其对《资本论》研究方法的深刻见解。上海财经大学的鲁品越教授一直从哲学和经济学的结合上研读《资本论》，《鲜活的资本论——从深层本质到表层现象》是这方面的代表作。著名马克思主义理论家、复旦大学特聘教授陈学明先生评价说："无论就理论价值，还是从现实意义来看，《鲜活的资本论》在许多方面超越了《21世纪资本论》。"陈学明先生大胆预言：鲁品越教授这一著作应能产生《21世纪资本论》那样的影响力。建议大家都读一读这些书，相信对我们研究政治经济学会有很大的帮助。经济哲学把"经济权力"作为一个核心概念来研究，我觉得政治经济学应该研究这个概念。如果研究这个概念，那么这个概念在政治经济学的概念体系中处于什么样的地位？经济哲学还研究经济规律的普遍与特殊的关系问题，研究中国特色社会主义政治经济学也避不开这个关系。上面我说了，如果我们把中国特色社会主义政治经济学界定成"中国特色社会主义的政治经济学"，那就是讲中国的特殊性，但是中国的特殊规律里面又蕴含着所有社会主义国家经济规律的一般性的东西，所以当我们说中国经济规律的特殊性时，并不等于这个特殊性里没有一般性的成分，因为普遍存在于特殊之中，所以我们可以看到中国特色社会主义建设过程当中所蕴含的经济规律的世界意义。习近平总书记反复强调的我们要为人类发展贡献中国智慧、中国方案、中国计划，并不是说我们要引领世界发展或者指导世界发展，而是指在经济全球化的形势下我们中国做的事情本身就具有普遍性，对整个人类特别是对那些发展中国家具有很好的借鉴意义。中国有些经济学家对习近平总书记在 2016 年 5 月 17 日讲话中提出的中国特色、中国风格、中国气派的哲学社会科学目标颇有微词，认为怎么可能有中国特色、中国风格、中国气派的经济学呢？因为经济规律都是普遍的，没有什么你的经济学和我的经济学，没有什么哪个国家的经济学，全世界只有一个经济理论。他们还举例说，中国著名的经济学家王亚南就明确提出过"中国经济学"的概念，王亚南后来放弃了"中国经济学"的概念，就是因为他后来认识到没有中国经济学，经济学都是普遍性的、世界性的。至于王亚南是不是放弃了"中国经济学"这个概念，为什么放弃这个概念，我们可以去研究考证。但是，我们可以断定说"经济理论只有一个"的人是真正不懂得马克思主义哲学、不懂得马克思主义辩证法的。普遍与特殊的关系是马克思主义哲学原理讲的基础知识，一个国家与世界上国家整体的关系一定是特殊与普遍的关系。普遍存在于特殊之中，特殊体现一般。我们的任务也有一个区分哪些是普遍、哪些是特殊的问题，但是绝对不能用普遍替代特殊或者消灭特殊。中央民族大学刘永佶教授一直在研究政治经济学方法论，写出了很多这方面的著作，有兴趣的话可以找来看看。他的研究成果对我们会有很多启发。

三、 中国特色社会主义政治经济学历史的研究要把握好四条线索

第一条线索，马克思主义政治经济学的中国化、时代化、大众化。这是一条主线。中国的经济发展是中国共产党领导的，是各级政府推动的，这是中国独特的政治经济关系在经济发展实践中的表现。中国共产党是以马克思主义为指导思想的政党，政治经济学是马克思主义的重要组成部分，马克思主义政治经济学是中国经济发展的指导思想。正因为这样，我们党的历届领导集体都非常重视对马克思主义政治经济学的学习和运用。我们党的历代领导人也都为马克思主义经济学的中国化、时代化、大众化做出了重大贡献。这方面的研究成

果已经有一些，比如逄锦聚等著的《马克思主义中国化进程中的经济学创新》、孙居涛著的《马克思主义经济理论中国化基本问题》，等等。

第二条线索，理论界、学术界对政治经济学问题的讨论和研究。经济学的生命力在于对中国经济发展事实的关注，经济发展的实践又需要经济学理论的研究和指导。在中国社会主义经济建设过程中，理论和实践以种种形式在互动中相互促进，尽管学术研究成果不可能直接地对经济实践发挥作用，但是通过影响党和政府的决策在间接地发挥着独特的功能。所以，理论界和学术界的研究是我们研究中国特色社会主义政治经济学历史过程中必须关注的一条线索。比如 20 世纪 50 年代斯大林《苏联社会主义经济问题》传到中国后引发的对过渡时期中国基本经济规律的大讨论；1956 年开始掀起的关于计划与市场和商品、价值问题的探索和讨论；60 年代初关于社会主义再生产、经济核算和经济效果问题的讨论；1979 年价值规律作用问题的大讨论；1984 年的"莫干山会议"关于价格问题以及其他经济问题的讨论；1985 年"巴山轮会议"关于宏观经济管理问题的讨论；90 年代关于市场经济体系理论的讨论，等等。在这方面也有很多研究成果，我们中国社会科学院经济研究所张卓元先生一直在做这方面的研究，他的《新中国经济学史纲（1949—2011）》值得关注这个问题的同志阅读。

第三条线索，国外经济学说的引进和发挥作用的情况。新中国成立前就有学者引进国外的一些经济学说。但是改革开放前引进的国外经济学说都被定性为资产阶级经济学说，是作为批判的靶子来使用的。改革开放以后，随着工作中心向经济建设的转移，由于经济建设的需要，尤其是为了满足市场经济知识的供给，有些学说逐渐被介绍到国内，并逐渐影响到决策。比如上面说的 1985 年"巴山轮会议"，这次会议的标志性成果就是把西方经济学说中宏观经济管理理论引进中国，宏观经济学就是从那个时候开始在中国流传的，既进入了决策层，也成为高校的重要课程。一些经济学论坛开始在西方经济学的框架和语境下展开。可以说，在此之前，中国的经济问题都是在马克思主义政治经济学的框架下展开的，从此以后就突破了原有的思维框架。不仅宏观经济学进来了，微观经济学也随之引进来了。于是，关于所有制的讨论就演变成了关于产权问题的讨论，关于工厂问题的讨论就变成了关于公司问题的讨论。这条线索也是研究中国特色社会主义政治经济学史必须关注的问题。要认真研究国外经济学说的引进与中国经济发展的互动关系。这方面的研究总体上看成果不是很多，深度挖掘更是不够。《中国社会科学内部文稿》2016 年第一期发表的由谢富胜教授等翻译的一篇文章值得大家阅读，这篇文章的作者是美国经济学家史蒂夫·科恩，文章是《西方新自由主义经济学如何主导了中国的经济学教育？》。

第四条线索，中国传统文化是如何在中国经济发展过程中起作用的。如果说上面三条线索在中国经济发展过程中都是比较明显起作用的因素的话，那么这条线索作为一种潜话语起到了更深层的作用。这提示我们，在中国特色社会主义政治经济学历史的研究中，必须注意中国传统文化的作用问题。也就是说，中国经济发展在几十年的时间里取得了举世瞩目的成就也有中国传统文化的作用，是一种经济发展的文化基因。这方面的研究还是十分缺乏的。我们要挖掘这种潜话语发挥潜移默化作用的机制。上面我们讲的三条线索，无论是马克思主义政治经济学的中国化、时代化、大众化，还是经济问题的学术讨论和理论研究，还是西方经济学的引进，这些都是显话语，都是在理论研究、政策制定中直接说出来的东西，而在运用这些显话语的时候作为文化心理起根本作用的东西恰恰是那些直接附着在中国人身上的甚至连当事人自己都无法察觉的传统文化。习近平总书记在党的十八大以后反复强调文化问题，号召要重视传统文化的作用，要求大家在全面建成小康社会和推动中华民族伟大复兴的现代化进程中树立文化自信，并且明确提出了中国文化发展要坚持"创造性转化、创新性发展"的方针，根本原因就是他真正认识到了民族文化在民族发展中的根本作用。比如说，马克思主义政治经济学作为一个思想理论体系，我们有教科书可以学习；我们引进了宏观经济学和微观经济学，引进的就是一些教科书，我们可以花时间阅读；对重大经济问题进行大讨论，讨论各方都持什么观点，我们可以读他们的文章。这些都是显话语，只要阅读就会明白。但是隐藏在中国人行为背后的潜话语，就不是那么易懂了。什么是潜话语呢？也很难给它下个明确的定义。一句话说，就是只能意会不能言传的东西，就是隐藏在中国人行为中对中国经济的发展时刻都在起作用但又很难表达出来的实实在在存在的东西，就是中国文化传统的智慧。有一个现象大家有没有思考？改革开放后，在第一批企业家中，有很多人并没有什么文化，有的人甚至连字都不认识，但是他创办了一个大企业，而且他的企业一直是与时俱进在发展，直到现在不仅大规模发展，而且创新力旺盛。我读过邓正来先生的很多书和文章，他是研究法理学的大家。但是，他在去世前却发表了好几篇与法理学不相干的文章，谈的是中国人的生存智慧问题。我看到这些文章，感到奇怪，怎么研究法理的学者在讲中国人的生存智慧呢？看来邓正来先生在研究法理的过程中也体会到了中国文化的潜话语对法理问题的影响。我在新疆喀什地区当宣传部部长的时候，请清华大学胡教授到喀什授课，在陪同调研过程中，他谈到人的知识发展的三个阶段：经验、知识、理论。我说，还有一个更重要的阶段：智慧。当然了，并不是有了经验、有了知识、有了理论，就一定有智慧，获得智慧也未必都要经历前面三个阶段。我认为，那些没有文化知识却能在实践中取胜的企业家们，包括各个领域没有文化知识的成功者，都有着常人所没有的智慧。我在这里讲这个问题，目的是引起大家的思考，关于中国特色社会主义政治经济学的发展历史的研究必须把中国文化基因作为一个重要的维度。中国改革开放40年来，起基础作用的还是中国智慧，表达系统好像是西方经济学的话语，但是实际的思维运作方式却是中国的，这就是西方经济学解释不了中国经济实践的根本原因。

在中国特色社会主义政治经济学发展历史中，这四条线索都以各种方式和途径在起作用，这种起作用的机制是奠定在实践基础上的非线性互动，中国的经济实践是这个互动的基础。四条线索中，马克思主义政治经济学的指导是主线，起主导作用。

（本文是作者2017年4月8日在中国人民大学"政治经济学大讲堂"第四期所做报告的一部分）

（作者单位：中国社会科学院哲学研究所）

经济学两大研究传统视野下的明斯基思潮

李黎力

摘要：受传统科学哲学和科学知识经济学的影响，经济学的演变通常被视作呈现出一种线性的累积式发展模式。然而，这种流行的"累积性观点"如今越来越被"竞争性观点"取代，经济学的演变更多被描述为相互竞争的思想和学派并行发展、交替兴衰的周期性发展过程。科学哲学家劳丹的"科学研究传统"概念和理论，恰如其分地刻画了经济学的这种竞争性演化模式。在思想史上，存在着西方牛顿主义正统传统与达尔文主义非正统传统这两大由来已久且长期共存的经济学研究传统的竞争和演替，并在经济周期领域具体表现为外生周期传统与内生周期传统之间的交替起伏。2008 年"大衰退"以来明斯基经济思想的"重新发现"和时兴，在很大程度上代表了这种内生周期传统以及背后更广泛的达尔文主义经济学研究传统的复兴和回归。从过去研究传统交替的历史经验来看，尽管这种非正统传统近十年来有所复兴，但因正统传统的路径依赖和锁定，其进一步发展和流行仍然面临着重大掣肘。

关键词：累积性观点；竞争性观点；研究传统；经济学研究传统；明斯基

基金项目：本文系国家社会科学基金青年项目"比较视野下的明斯基经济不稳定性思想研究"（18CJL004）的阶段性成果。

2008 年全球金融危机和经济衰退，在学术圈内外掀起了一股强劲的明斯基思潮，以至于这场危机被冠之以"明斯基时刻"①。已故经济学家明斯基（Hyman Minsky）的经济不稳定性思想的重新发现的确鼓舞人心，即使那么姗姗来迟。然而，当前大多数研究却在这股思潮中有所迷失，更多着眼于明斯基以及当代的经济危机和经济周期理论及政策论争，而忽视了周期性经济不稳定性现象及其理论解释的悠久历史。其结果是，人们不仅对明斯基思想的突然流行大惑不解，而且对经济波动这一古老的主题也缺乏深入的理解。

有鉴于此，本文回归长时段"大历史"②，试图从思想史上两大悠久的经济学研究传统演替的视角出发，解读明斯基思潮的时兴和流行，以期增进我们对经济周期现象及其理论的理解。本文首先概述了经济思想演变的竞争性观点和经济学研究传统的交替和演进，然后论证了明斯基总体经济思想与两大研究传统之一的另类传统的契合、继承和发展关系，接下来着力于阐明两大经济学研究传统在经济周期研究领域的具体体现，以进一步考察明斯基的金融不稳定性理论与内生经济周期研究传统的渊源和联系，最后总结本文研究结论，并对未来经济学发展加以展望。

一、 经济思想演变的竞争性观点与经济学研究传统

关于经济思想的演变和发展，经济学界向来秉持着流行的"累积性观点"（cumulative view）③。经济学的历史发展被视作从谬误走向真理的线性演进过程，呈现出累积性的思想进步。这种目的论的辉格（Whig）史观将过去描述为所有正确选择的历史：后人的思想吸收了前人思想当中的精华，去除了其中的糟粕，因而好的有价值的思想得到了保留，差的错误的思想予以清除，以至于作为这种线性演进顶点的当代经济思想和理论包含了过去所有的理论贡献和养分。换

---

① 李黎力."大衰退"以来明斯基思潮之动向——一个批判性评述［J］. 经济评论，2014（1）；李黎力. 明斯基经济思想研究［M］. 北京：商务印书馆，2018.

② 吉尔迪，阿米蒂奇. 历史学宣言［M］. 孙岳，译. 上海：格致出版社，2017.

③ Roncaglia, Alessandro. Why should economists study the history of economic thought? ［J］. The European Journal of the History of Economic Thought, 1996, 3 (2)：296－309.

言之，思想市场被视作是有效率的，经济学界作为一个"完全竞争市场"，新的思想可以通过期刊、著作和研讨会等通信网络在其中相当有效地传播，过去未被利用的获利机会会被理性的最大化研究者发现，以至于几乎没有重要的内容会流失，几乎没有错误的内容会残存①。

之所以会产生这种累积性的经济学发展观，一个最为直接的原因在于对我们经济学家技术分析能力累积性增长的印象，从而将这种技术能力的提升当作是经济学的累积性进步②。特别是自二十世纪五六十年代爆发的数学形式主义革命以后，数理经济学、计量经济学和博弈论等经济学"武器库"的扩张，使得经济学家坚信经济学已获得成熟科学或硬科学的地位③。而作为硬科学的自然科学受当时"逻辑实证主义"科学哲学或所谓"公认的观点"的影响，其发展被普遍视作是一个向新的更为全面的知识不断积累和进步的过程④。逻辑实证主义方法论所界定的逻辑上的一致性和严密性与经验上的相关性和有效性，据说为甄别和淘汰理论提供了"客观的"标准，从而确保了思想市场的有效性。

然而，这种流行的累积性观点是无法成立的。经济学并不具有保留所有有效和有用思想而抛弃无效无用思想的完美选择机制⑤。相反，它既没有吸收所有精华，也没有消除所有糟粕。第一，思想史上存在一些思想起初失败，后来又被重新发现和利用的情况。经济思想领域存在类似创新领域中的机制，思想如同新发明一样，在诞生之初因诞生的环境所限无法直接带来利益，但在环境改变、应用前景明朗之后却有可能被重新发现和有效应用。第二，思想史上还存在一些思想可能由于有缺陷的提出形式而被抛弃或被遗忘被忽视的情况。这一方面是因为，在任何时期，经济学家可用的工具与试图展现的思想之间一直存

① Davis, John. Mark blaug on the historiography of economics [J]. Erasmus Journal for Philosophy and Economics, 2013, 6 (3): 44–63.

② Heilbroner, Robert. Modern economics as a chapter in the history of economic thought [J]. History of Political Economy, 1979, 11 (2): 192–198.

③ Cesarano, Flippo. On the role of the history of economic analysis [J]. History of Political Economy, 1983, 15 (1): 63–82.

④ 汉兹. 开放的经济学方法论 [M]. 段文辉，译. 武汉：武汉大学出版社，2009.

⑤ Kurz, Heinz. Whither the history of economic thought? Going nowhere rather slowly? [J]. The European Journal of the History of Economic Thought, 2006, 13 (4): 463–488.

在某种张力，特别是数学模型表达这种形式很有可能"淘汰"许多当时无法模型化却具备很大潜力的经济思想；另一方面则是因为语言的封闭性问题，致使许多非英语著作的思想被忽视和遗忘。① 第三，思想史上同样存在一些思想尽管在内容上是有缺陷的，却仍然被保留下来的情况。这一方面可能来自利益与思想之间的密切关联，既得利益者利用思想的媒介来维护和强化他们的合法性；另一方面则源自方法论层面，现代经济学所秉持的工具主义方法论事实上并未能够提供一个明确的标准来评价一个理论的质量，或者判定在几个不同理论中哪一个理论更好。

因此，"思想市场"就经济知识的生产而言，既非完全竞争，也非有效率。"市场作为学术（或任何其他）商品质量的仲裁者，会极度易受攀比效应和虚荣效应的影响，尤其是考虑到学者通常是在非营利的接受资助的高等研究机构工作。"② "人们总是受自身利益的驱使。就像市场一样，科学是一个使用竞争把个人私利导向集体利益的社会制度。问题是，在科学中的竞争就像市场竞争一样容易出现互相勾结的情况。"③ 并且，由于经济思想史研究成果相对较高的产权界定和实施成本，加之已故经济学家不可能进行自我推销式投资，过去创新成果有效传播的重要滞后在长期来看会司空见惯、屡见不鲜，若再考虑到过去文本的搜集成本随着时间的不断上升，这种情况更有可能出现。④ 这意味着经济学的发展并非帕累托有效率的，而总是会存在重大的内容损失或滞后。新的经济思想和理论的产生和发展，是以抛弃过去依然有价值的思想和理论为代价的，因而并非如累积性观点所设想的那样是一种帕累托改进。

经济学并非像自然科学那样的科学学科，并不存在所谓的累积性积累和进步。尽管并不否认在经济学的一些技术和分析成就上可能有所进步，但该学科

① 罗斯巴德. 亚当·斯密以前的经济思想：奥地利学派视角下的经济思想史：第一卷 ［M］. 张凤林，等，译. 北京：商务印书馆，2012.

② Blaug, Mark. No history of ideas, please, we're economists ［J］. Journal of Economic Perspectives, 2001, 15 (1).

③ Romer, Paul. The trouble with macroeconomics ［J］. The American Economist, 2019.

④ Anderson, Gary, Robert Tollison. Dead men tell no tales ［J］. History of Economics Society Bulletin, 1986, 8 (1): 59 - 68.

的这些方面并不构成经济学本身的核心部分。经济学的核心目标在于识别和解释社会物质自我生产过程中所隐藏的问题，数学、统计学或哲学方法上的巨大进步，并没有有助于我们形成那种格式塔或图景藉以"理解"社会的问题。更为精确、优雅、抽象、有力地界定问题的能力提升，并不见得就带来对原初"隐藏的问题"的总体上更好的理解。假设这种分析上的研究就是"真正的"或不变的经济学研究目标，是大错特错。① 与自然科学的情况相比，经济学中的早期发现可能更有被遗忘的危险，以至于保持知识的累积性增长更为困难。更重要的是，在自然科学这种硬科学当中，事实上也并不存在累积性的发展模式。构成科学累积性观点基础的"逻辑实证主义"传统科学哲学或"公认的观点"，在二十世纪五六十年代便开始广受批评和驳斥，进而被许多替代性的观点和进路（如社会学、语义学等）取代。② 如果标准的累积性观点甚至在硬科学中都行不通的话，那么就可以确定，它在像经济学这样的"软科学"中，在一个无法通过任何实验来加以检验的学科中，必然也是完全不适用的。③

相比之下，"竞争性观点"（competitive view）可能更加适用于经济学的演变和发展。这种观点认为，经济学的历史发展并不是从谬误走向真理的单向的线性演进过程，而是许多相互竞争的思想和理论彼此之间相互作用的多面向的非线性发展过程。其主要原因在于，存在不同的世界观，因而也存在理解和解释处于理论探索的各种问题的不同途径和进路，但又不可能借助逻辑实证主义所表明的"客观"标准来对竞争性的理论进路进行评判。④ 事实上，在思想史上不仅不存在统一的评判标准，而且判断思想或理论"正确"与否的标准还在不断变化。因此，一些思想和理论在某个时期流行起来，被认为是"正确的"；另一些竞争性的思想和理论则在其他时期盛行起来，成为"正确的"学说。这意味

① Heilbroner, Robert. Modern economics as a chapter in the history of economic thought [J]. History of Political Economy, 1979, 11 (2): 192 - 198.

② Cesarano, Flippo. On the role of the history of economic analysis [J]. History of Political Economy, 1983, 15 (1): 63 - 82.

③ 罗斯巴德. 亚当·斯密以前的经济思想：奥地利学派视角下的经济思想史：第一卷 [M]. 张凤林，等，译. 北京：商务印书馆，2012.

④ Roncaglia, Alessandro. Why should economists study the history of economic thought? [J]. The European Journal of the History of Economic Thought, 1996, 3 (2): 296 - 309.

着经济思想的演变具有某种周期性，而不是辉格诠释的线性进步路径。不同的思想学派之间相互竞争、交替盛衰，形成锯齿形的波动轨迹。经济学是在一个相对封闭的话语中运行，不断地循环往复相对持久的内容，尽管是以不断变化的方式，以至于会出现过去思想和理论定期地有规律地复兴和复苏。①

可见，这种经济学的竞争性发展观，突破了传统思想市场的隐喻，将经济学中"作为过程的竞争"概念而不是"作为终局的竞争"概念引入经济学本身，认为竞争是相互依赖的理论和思想这个复杂的不断演化的世界的调节力量。② 纷繁不同的思想、进路或学派之间一直存在着争论和竞争，在不同的时期因为诸多因素的影响而产生不同的命运。有些思想和学派在某一时期成为主流，占据着支配地位，另一些则成为非主流，被人们忽视和遗忘。但时过境迁，这些思想和学派的命运可能会逆转。过去的主流思想和学派可能沦为非主流，被逐渐边缘化，而过去失势的非主流思想则有可能重见天日、流行起来。经济学中占支配地位的主流思想，因而会随着时间的演变而不断变化。用经济学经典的"选择"话语，我们可以将经济学的历史发展视作从过去通向现在的一系列选择决策序列，如同一棵大的决策树（decision tree）。经济学好比相当复杂、枝干缠绕和胡乱修剪的灌木，这棵树干在经济学家无法达成共识的地方便会出现许多分枝，各个分枝大小各异，并会随着时间的变化而胀缩荣枯。③ 这种观点并非意味着竞争性的进路之间是等效的，也不意味着没有科学进步。它只是认识到基于不同的概念基础，存在不同的研究进路。它们之间由于基于不同的概念体系而不可通约，不具有统一的标准来评判。但不同的进路内部，却可能存有进步。

与科学哲学当中流行的库恩（Thomas Kuhn）的"范式"（paradigm）理论和拉卡托斯（Imre Lakatos）的"科学研究纲领"（scientific research programmes）

---

① Davis, John. Mark blaug on the historiography of economics [J]. Erasmus Journal for Philosophy and Economics, 2013, 6 (3): 44 - 63.

② Davis, John. Mark blaug on the historiography of economics [J]. Erasmus Journal for Philosophy and Economics, 2013, 6 (3): 44 - 63.

③ Leijonhufvud, Axel. The use of the past [R]. Invited Lecture at the Meetings of the European Society for the History of Economic Thought, Oporto, Portugal, 2006.

方法论相比，被经济学家相对忽视的科学哲学家劳丹（Larry Laudan）的"科学研究传统"（scientific research tradition）概念和理论似乎更加适合被借用来描述和重建经济学的这种竞争性发展模式。① 劳丹将科学界定为"解决问题"，理论旨在于为这些问题提供答案。在这种问题导向的"解题模式"中，"研究传统"（research tradition）发挥着基础性作用。"研究传统"是一组本体论和方法论的规则或信条，包含许多具体理论并为它们的发展提供一套指导原则，同时反过来依靠这些理论来表现和说明。这些信条作为一个整体，赋予了研究传统以独特特征，从而将不同的研究传统区分开来。与具体理论不同，每一个研究传统都得到过各种各样详细的表述，并且一般都有一段较长的历史，经历了许多不同的发展阶段。正是这些由来已久、长期存在的信念，决定了传统的继承、延续和发展。②

相较于库恩的"范式"或拉卡托斯的"科学研究纲领"，"研究传统"往往具有一个相对松散而灵活的内部结构。在一个研究传统中，理论间的联系是宽松的。一个不断演化的研究传统当中可能存在不同的相互竞争的理论，它们不断受到检验而得到修正和发展。而"研究传统"本身则无法依据所谓的经验确证性在绝对意义上来简单判决和检验，而总是在相对意义上接受不断的检视和评价，因而会在竞争过程中呈现出交替起伏。一个在某一个时期被拒斥的研究传统可能在之后某个时期被重新接受，迎来复兴。它们之间的竞争过程类似于游击战，某个研究传统可能受到竞争性传统精英群体的攻击，防线被攻破，但是它们并未被彻底摧毁，而是有机会重新集结、重整旗鼓展开反攻。换言之，一个研究传统并非被其竞争性传统完全取代，而是在以后有机会迎来复兴。并且，各种研究传统因历史传承和不断演化，往往会在本体论和方法论层面有所变化，而不是像拉卡托斯"硬核"（hardcore）那样固定不变。

可见，与以上经济学演变的竞争性观点相契合，劳丹这种基于"科学研究

---

① 关于库恩的"范式"理论在经济思想史当中的应用，可参见：李黎力. 经济学研究的范式及演进［M］// 姚新中. PPE 导论. 北京：中国人民大学出版社，2019.

② 劳丹. 进步及其问题：第 2 版［M］. 刘新民，译，北京：华夏出版社，1998：79 - 80.

传统”的科学发展模式理论，比较准确地刻画了经济学研究传统的演替。相比于科学哲学家库恩的"范式"或拉卡托斯的"科学研究纲领"这些概念，劳丹的"研究传统"概念不仅更具灵活性和包容性，能够容纳和概括同一阵营的众多流派（表现为同一传统内部的众多理论和思想学派），而且也更具动态性和历史性，能够描述和刻画相互竞争的经济思想的演化和传承。[①]

二、 明斯基与两大经济学研究传统

一些经济思想史家已经认识到，经济思想在历史演变过程中呈现出许多竞争性的经济学研究传统。这些研究传统如同"教父传统"（patristic tradition），自形成之日起便作为一种权威得到遵从、继承和发展，影响着思维方式、表达方式和思想路径。在经济思想长达几百年的发展过程中，存在两种截然不同、历史悠久且长期并存的经济学研究传统之间的相互竞争和周期性演替。[②] 如同劳丹所认为的，它们从根本上是以不同的本体论或世界观为基础的。

一种是西方正统经济学研究传统或牛顿主义传统。这种传统发端于启蒙运动时期，从重农主义、斯密、李嘉图、"庸俗经济学"和杰文斯 – 瓦尔拉斯的边际革命等一直延续到现代新古典经济学（新古典综合、货币主义、新古典宏观经济学和新凯恩斯主义等）。它以静态的、机械的、原子论的和封闭的世界观为哲学基础，假定技术、制度、偏好和资源禀赋不变，在均衡框架下研究理性经济人如何按照效用最大化原则，实现资源最优配置，因而分析的焦点集中于物物交换、消费和积累上。这种传统采用了把偶然因素排除在外的决定论哲学观，坚持认为存在着适用于一切时间和地点的规律，演绎主义、数学形式化建模和预测是其研究方法的特征。

---

① 贾根良."新经济思想史"刍议 [J]. 社会科学战线，2010（1）.

② 贾根良. 报酬递增经济学：回顾与展望：I [J]. 南开经济研究，1998（6）；贾根良. 中国经济学革命论 [J]. 社会科学战线，2006（1）；贾根良."新经济思想史"刍议 [J]. 社会科学战线，2010（1）；赖纳特，达斯特. 替代性教规：文艺复兴经济学史 [M] // 赖纳特，贾根良. 穷国的国富论：演化发展经济学论文选：上卷. 贾根良，等，译. 北京：高等教育出版社，2007：2 – 54.

另一种则是西方非正统经济学研究传统或达尔文主义传统。这种传统起源于更久远的文艺复兴时期，从重商主义、美国学派、德国历史学派、马克思经济学和熊彼特经济学等一直延续到目前的当代异端经济学各流派（后凯恩斯主义、马克思主义、新熊彼特学派、社会经济学和女性主义经济学等）。它以动态的、系统的、有机的和开放的世界观作为其哲学基础，认为技术、制度、偏好等都是处于变化之中的，这种变化的典型特征是非均衡过程，经济行为者按照得失权衡而非效用最大化原则采取行动，资源创造而非资源配置是经济学研究的核心，因而分析的焦点集中于生产和创新。经济研究要特别注重时间和地点的差异，比较的、制度的、历史的和解释学的方法是其研究方法的特征。在现代西方主流经济学家眼中，后一种传统被看作异端并遭到贬斥，而前一种传统则被视为正统并得到推崇。

明斯基通常被认为是后凯恩斯主义的杰出代表，是美国后凯恩斯主义的主要创始人。[1] 而后凯恩斯主义作为当代最具影响力的西方异端经济学流派之一，构成了以上所区分的达尔文主义经济学研究传统。如上所述，在"研究传统"意义上，达尔文主义这种经济学研究传统能够容纳和概括这一传统内部不尽相同的理论和学派，同时又依托这些具体的理论和学派来表征和说明。作为一种异端经济学研究传统，构成该传统以上诸多世界观和方法论核心的要素便来自该传统内部的特定异端学派。其中，后凯恩斯主义学派通过对真实时间制度背景的分析，通过对与政策建议紧密联系的有效需求、不确定性和生产的货币理论的强调，为该传统做出了独特的贡献。[2] 因此，作为后凯恩斯主义的代表，明斯基的经济思想自然而然与达尔文主义传统相契合。

一方面，从本体论或世界观角度来看，明斯基所构想的一幅独特而宏大的"华尔街图景"，与达尔文主义传统的世界观是一致的。明斯基所构想的是一个发达资本主义的货币生产型经济，表现为充斥着不确定性的复杂的金融关系和

① King, J E. Post keynesian economics [M]. The New Palgrave Dictionary of Economics: 3rd edition. London: Palgrave Macmillan, 2018: 10520 – 10532.

② Lee, Frederic S. Heterodox economics [M]. The New Palgrave Dictionary of Economics: 3rd edition. London: Palgrave Macmillan, 2018: 5790 – 5796.

现金流网络。这种经济背后的焦点在于资本积累或投资过程，投资在二价制框架中进行，并以利润的形式产生现金流入。由于投资活动需要依靠融资，因而与资本积累过程同时进行的是融资过程。复杂而不断演化的金融体系，在为企业投资提供融资的过程中，内生创造了货币，并随之创造了债务层级和负债结构，从而使投资活动以债务支付承诺的形式产生了现金流出。利润作为投资所产生的现金流入，与债务作为投资所产生的现金流出，这二者之间的关系因而成为货币生产型经济当中的核心金融关系。从微观层面而言，这种关系成为企业现金箱状况的主要体现，决定着企业的安全边际和风险评估。而上升到宏观层面，这种关系交织在一起则形成了金融结构。由于这种关系会不断变化，金融结构也会不断演化。发达资本主义经济在周期性扩张过程中，金融结构会逐渐内生地滋生金融脆弱性，以至于会进一步以通货膨胀、失业和危机等形式导致金融不稳定性。然而，资本主义这种内在所固有的不稳定性，却可以通过政策制度安排来抑制。[①] 可见，这种着眼于复杂而不断演化的金融资本主义，聚焦于多维、跨期、非线性的动态和开放的经济体系当中不断变化的内生非均衡去稳定性力量和过程的经济图景，恰恰是以上达尔文主义传统世界观的典型表现。

另一方面，受这种世界观的影响，明斯基所遵循的方法论也是与达尔文传统相契合的。秉承着方法为图景服务的原则，明斯基从整体上采用了制度的、演化的和历史的分析方法，来研究自己所设想的一幅嵌入各种制度，尤其是复杂而不断演化的金融制度的发达资本主义经济图景。这种复杂的、动态的图景意味着不能采取绝对的、一刀切的方法来应对，也无法采用形式化的数学模型和方程来捕捉。相应地，它需要从一种辩证的视角，依靠深入实践的参与观察、运用文字语言的叙述性方法来捕捉和阐释。具体而言，针对图景当中要素特征，明斯基则遵循了一种宏观－微观－宏观的研究进路，首先从宏观着眼，运用非均衡分析法来讨论图景当中的本质上所存在的非均衡力量和趋势，并运用现金流分析方法将图景抽象成一个现金流网络，从广义理性行为模式出发剖析微观

---

① 李黎力. 明斯基的"华尔街图景"［J］. 政治经济学评论，2017（5）.

经济主体的经济行为和现金箱状况，最后探讨其宏观上的金融不稳定效应①。可见，这些研究方法及其背后所体现出来的方法论，也正好构成了达尔文主义传统的鲜明范例。

除了以上可见明斯基经济思想是对达尔文主义这种由来已久的经济学研究传统的传承之外，事实上明斯基还对这种异端传统有所创新和发展。尽管明斯基被划归为"后凯恩斯主义"，但其实他更偏爱将自己定义为"金融凯恩斯主义"（Financial Keynesianism）。之所以如此，一个重要原因在于明斯基不赞成后凯恩斯主义的激进主义（radicalism），想让自己与后凯恩斯主义经济学当中所存在的为了提出"一般性理论"而将制度推到幕后的倾向保持距离。他总是十分谨慎地指出，他所提出的理论并非"普遍规律"，而是一种特定的理论，仅适用于那些已经形成发达的金融制度的经济体。换言之，他反对能够适用于不同经济现实的一般化理论的神话。这样一种理论在他看来要么显然是错误的，要么简直就是太过一般化而没有任何用处。制度必须在分析的一开始就纳入进来，有用的理论是制度特定的②。为此，明斯基专注于研究发达资本主义金融制度在决定宏观经济运行中所扮演的至关重要的角色，以至于他所提出的"华尔街图景"（Wall Street view）成为后凯恩斯主义学派乃至异端经济学研究传统当中独具一格的世界观组成要素。也正是在制度分析，特别是金融制度研究方面，集中体现了明斯基对达尔文主义传统的弘扬和发展。

综上我们发现，明斯基经济思想是对两大经济学研究传统之一的达尔文主义这种历史更为悠久的异端经济学研究传统的继承和发展。关于二者之间具体特征的契合与一致，我们可以从下面表1中看得更加清楚。

---

① 李黎力. 明斯基的经济学研究方法论 [J]. 当代经济研究, 2017 (6).
② 李黎力. 明斯基与后凯恩斯主义：渊源和比较 [C]. 中华外国经济学说研究会年会会议论文, 2019.

表 1　明斯基与达尔文主义经济学研究传统之间的简要对比

特征＼思想传统	达尔文主义经济学研究传统	明斯基经济思想
看问题的出发点	异质性研究对象 技术、制度、偏好、资源禀赋可变 非均衡框架	异质性经济主体（三种融资类型） 复杂而不断演化的金融资本主义 内生的非均衡力量
研究焦点	新资源的创造（生产），技术、制度、偏好和资源禀赋的变化及其经济影响	积累或资源创造经济学，金融制度演化及其对经济运行的重要作用
人性假定	更广泛的人类行为定义 本能、习惯、阶级、文化和认知模式因素的作用	广义理性行为假设 综合经验、推理和心理因素构建知识，为行动提供合理依据
哲学观	不确定性，非决定论，历史不可逆，路径依赖和制度差异	根本的不确定性，多维、跨期、非线性、动态和开放的经济体系
理论结构特点	可容纳多样性、新奇、质变、报酬递增和系统效应等	资本主义的多样性，金融创新，内生去稳定性正反馈力量，金融关系和现金流网络及其系统效应
规律观	规律是相对的	制度特定的非普遍性规律
方法论	方法论整体主义	"宏观－微观－宏观"整体主义范式
研究方法特征	经验主义 比较的、历史的、制度的和解释学的研究方法	参与观察法 制度的、演化的和历史的分析方法，反数学形式主义的叙述性方法
知识论	事实（经验）与价值（判断）不可分割	技术（方法）与图景不可分割
与其他学科之间的关系	经济学作为一门社会科学，应更多参考其他人文社会科学学科的研究成果	经济学应当在社会科学和历史的背景之下引入

资料来源：表格由作者自行绘制。其中达尔文主义经济学研究传统的各项特征来自贾根良的整理，明斯基经济思想的各项特征来自作者的整理。

三、 明斯基与两大经济周期研究传统

以上讨论了劳丹的"科学研究传统"概念在经济学学科总体或一般层面上的应用和表现。然而，正如库恩的"范式"概念或拉卡托斯的"科学研究纲领"概念一样，"研究传统"也具体体现在经济学学科当中的分支学科或研究领域当中。区分以上两大经济学研究传统的学者，便曾讨论了这两大传统或两类教规在国际贸易理论和政策中的对应表现①。本文认为，这两大经济学研究传统同样在经济周期理论和政策研究领域中体现得淋漓尽致。

一种是西方正统经济周期研究传统或外生传统。这种传统非常古老，发端于前古典经济学时期，从重农主义魁奈的"经济表"、古典经济学时期流行的"萨伊定律"和边际主义杰文斯的"太阳黑子论"，一直发展到现代经济学时期斯拉茨基和弗里希的"刺激－传播论"、货币主义弗里德曼的货币供给冲击理论、理性预期学派卢卡斯的货币扰动均衡经济周期理论、新古典宏观经济学基德兰德和普雷斯科特的实际经济周期理论、新凯恩斯主义伯南克等的"金融加速器"理论（扩展的实际经济周期理论）以及最近新新古典综合的纳入"金融摩擦"的动态随机一般均衡（DSGE）模型②。这种外生研究传统从外生上来解释经济周期，认为经济体系内在是自我均衡和动态稳定的，因而将经济周期波动主要归咎于经济体系的外部各种冲击（货币或实际冲击、需求或供给冲击以及政策冲击等）。在这种传统产生早期，通常需要寻求像季节更替那样的外部周期性刺激或冲击来解释经济体系本身所显示出来的有规律的波动倾向。但发展到现代经济学时期，该传统已经无须诉诸本身必须是周期性的外部冲击来解释这种规律性波动，而是可以依靠传播机制来阐释和刻画。经济周期被解读为源

① 赖纳特，达斯特. 替代性教规：文艺复兴经济学史［M］//赖纳特，贾根良. 穷国的国富论：演化发展经济学论文选：上卷. 贾根良，等，译. 北京：高等教育出版社，2007：2－54.

② 特维德. 逃不开的经济周期［M］. 董裕平，译. 北京：中信出版社，2012；夏佛林. 经济周期［M］//纽曼，米尔盖特，伊特韦尔. 新帕尔格雷夫货币金融大辞典：第一卷. 王曙光，译. 北京：经济科学出版社，2000：256－259；斯诺登、文. 宏观经济学百科词典［M］. 安佳，等，译. 南京：江苏人民出版社，2011.

自经济体传播外生随机扰动或刺激（impulse）的方式，传播机制将一系列高度不稳定的刺激或随机性冲击转化为相当有规则的反复出现的扩张和收缩的交替运动。该传统内部的各色理论因而将研究着眼于冲击的具体类型和有关其效应的估计，以及冲击的放大和加速机制。

另一种则是西方非正统经济周期研究传统或内生传统。这种传统起源于古典经济学时期，从古典经济学的异见者（马尔萨斯、西斯蒙第、马克思、图克、穆勒等）对"萨伊定律"的批判，发展到"大萧条"前后新古典经济学时期流行的各种"内在失衡论"（霍特里等的纯货币理论，哈耶克、米塞斯、罗宾斯和罗伯特森等的货币性投资过度理论，维克赛尔、熊彼特、庇古、斯皮索夫、卡塞尔等的非货币性投资过度理论，霍布森等的消费不足理论，米切尔的成本 - 价格失衡理论，费雪的债务通缩理论等）[①]，经过凯恩斯的"经济周期的投资理论"、凯恩斯主义者萨缪尔森的"乘数 - 加速数"理论，一直延续到明斯基的"金融不稳定性假说"、奥地利学派的经济周期理论、新马克思主义垄断资本学派的"停滞 - 金融化理论"等当代异端经济学派的内生经济周期理论。[②] 这种内生研究传统从内生上来解释经济周期，认为经济体系本身便是非均衡和不稳定的，因而将经济周期的产生和持续主要或完全归咎于资本主义经济体系内部的正常运行。周期的驱动力内在于体系当中，而非来自外部的像"冲击"之类的外力。外生因素虽然有可能构成干扰影响经济的运行和变化，但扮演的却是次要的角色。经济周期本身构成经济体系压力和失衡的主要来源，而它们反过来又维持着经济周期的循环往复。驱动周期的内生力量，具体涉及相互关联的货币与真实变量、价格和数量以及预期与实现的反复波动。该传统内部的各色理论在具体哪些因素在其中充当主角，哪些充当配角方面莫衷一是。

这两种经济周期研究传统主要在以下三个方面存在重大分歧[③]，具体还在其他方面有所差异（参见表2的总结）。首先，如上所述，研究传统从根本上取决

---

① 哈伯勒. 繁荣与萧条：经济周期运动的盛衰交替 [M]. 朱应庚，译. 北京：中央编译出版社，2011.

② 特维德. 逃不开的经济周期 [M]. 董裕平，译. 北京：中信出版社，2012. 斯诺登、文. 宏观经济学百科词典 [M]. 安佳，等，译. 南京：江苏人民出版社，2011.

③ 李黎力，张红梅. 明斯基研究传统：经济学所忽视的金融泡沫研究传统 [J]. 经济学家，2013 (9).

于其共有的本体论信条，即对世界所设想的经济图景或所谓的"世界观"。其中，内生研究传统所设想的经济图景包含了不可缩减的不确定性，复杂而不断演化的金融体系以及内生的债务、货币和信贷等至关重要的经济要素。正是充满不确定性的经济体系当中复杂而不断创新的金融体系所滋生的债务的累积、货币和信贷的随之膨胀，引致体系内部周期性的波动。反观外生研究传统，在它们的视野当中，不确定性要么不存在，要么可以转化为可以计算的确定性等价；金融在本质上是缺失的，货币在本质上仅视为一层"面纱"，公司融资结构是"不相关的"，政府赤字支出对私人经济没有影响。在这种将经济过程视作由实体经济部门要素所驱动的"唯物主义"的世界观中，经济周期的产生只能来自经济体系外部的各种冲击或者政策错误。

其次，本体论和世界观信条决定方法论规则，不同的经济想象意味着不同的分析方法。在正统外生研究传统所透视的本质上的确定性的世界中，社会制度、文化和心理等因素无法纳入知识当中，倘若行为被描述为基于这种知识的目标导向性的，那么理性行为便可以清晰地加以界定，任何其他行为在定义上便是非理性的，因而，理性的概念被框架给限制住了。相比之下，面对充满不确定性的世界，异端内生传统则打破了这种狭隘的约束条件下的最优化的正式要求，从而为社会和心理因素的纳入提供了可能。并且由于知识的不确定性，这些因素也必将成为知识当中必不可少的一部分，因而也自然成为所有行为的推动因素。心理将与理智和经验相结合，从而不断积累构成行为根据的知识。正是不确定性笼罩的金融化经济体系内部"理性"经济主体依据所谓的"干中学"和"启发法"的逐利行为，才引致经济体系的周期性波动。

再次，二者所坚持的格格不入的经济图景以及相应的大相径庭的方法论，使得双方的模型化表述方式相互冲突。正统的外生研究传统通常在一个一般均衡理论框架当中来解释经济周期的产生和持续。该传统最新的经济周期理论，往往通过"动态随机一般均衡模型"（DSGE）这个当前在主流经济学当中占支配地位的均衡框架来表述的。该框架本质上是个人主义的理性最优化的均衡形式化，这意味着异端的内生传统是难以用该模型框架来完整表述的。事实上，由于在内生传统中充满的是货币、资产债务、资金流量、会计关系和不确定性要素，因而其表达方式在本质上必定是非理性最优化的、非均衡的，它们大部分是通过"存量－流量一致性模型"（SFCMs）框架或"基于行为人模型"（ABMs）框架来表述的。与均衡模型不同，这两个模型通常能更好地刻画经济体系当中的异质性行为、个体行为的相互作用，以及在宏观层面所产生的系统性风险和波动。

像对待达尔文主义经济学研究传统一样，明斯基也对以上当中的内生经济周期研究传统予以了继承和发展。一方面，作为一种内生经济周期理论，明斯基的代表性理论——"金融不稳定性假说"（FIH）无疑受到异端内生传统的指导，并鲜明地表现和阐明了这种悠久的研究传统。该假说旨在从发达资本主义经济体系内部，去探求其所固有的经济周期波动所产生的根源和机制，具体包含扩张阶段"向上的不稳定性"的内生形成和繁荣阶段"向下的不稳定性"的内生触发这两层含义。这种周期性波动产生的过程，主要围绕经济体系资本积累的外部融资过程当中可接受的和实际的现金支付承诺－现金收入（利润）比率所出现的系统性上升的趋向，主要依托利润和投资之间，以及资产价格和债务之间的正反馈循环所产生的"偏差放大机制"。[1] 可见，该假说是一种具有强烈内生要素的非均衡理论。

另一方面，作为传承内生研究传统的最新经济周期理论，明斯基的金融不稳定性理论同样是对该传统的重大创新和发展。相比于该传统内部的其他理论，该理论将复杂而不断演化的金融部门纳入经济周期分析的核心，将金融体系与实体经济有机结合起来，研究它们之间的相互作用所产生的繁荣和衰退的交替。金融不稳定性本质上是内生经济周期波动的表现，其根源并非在于外部冲击和传播，而是在于经济体系随着时间的推移而内在地产生，即在经济周期性运行过程中正常地滋生。当经济运行向好时，过去投资所实现的利润会促使投资者继续扩大资产投资，通过增加债务融资追逐未来更多的利润。向好的经

---

① 李黎力. 明斯基金融不稳定性假说评析 [J]. 国际金融研究，2017（6）.

济形势同时也会诱导银行积极满足投资者的债务融资意愿，增加放贷以获得更多利息收入。债务的累积和杠杆率的上升需要未来产生更多的利润现金流才能偿付，这将加剧金融系统的压力，使整个经济体系应对内部或外部冲击的能力下降。当由于债务累积或利率上升等原因导致现金流不足以支付债务本金及利息时，为了偿付债务就不得不抛售资产，最终导致市场崩盘、"明斯基时刻"降临，经济因而从繁荣走向衰退①。正因如此，明斯基通常被认为是在对内生研究传统金融解释方面"最为老道、最具分析性且最有说服力的当代经济学家"②。

表 2　两大经济周期研究传统之间的简要对比

特征 ＼ 传统	外生经济周期研究传统	内生经济周期研究传统
典型代表	萨伊、李嘉图、杰文斯、斯拉茨基、弗里希、弗里德曼、卢卡斯、基德兰德和普雷斯科特、伯南克等	马尔萨斯、西斯蒙第、马克思、米切尔、卡莱茨基、凯恩斯、霍特里、哈耶克、维克赛尔、熊彼特、霍布森、费雪、明斯基等
主要学派	西方正统经济学派：重农主义、古典学派、货币主义、新古典宏观经济学、新凯恩斯主义等	西方异端经济学派：老制度学派、后凯恩斯主义、新熊彼特学派、马克思主义等
代表性理论	萨伊定律、太阳黑子论、货币经济周期理论、实际经济周期理论、金融加速器模型等	投资过度理论、消费不足理论、成本－价格失衡理论、债务通缩理论、乘数－加速数模型、金融不稳定性假说等

---

① 李黎力. "明斯基时刻"的前世今生 ［J］. 经济日报，2018 - 01 - 31.

② Tobin, James. Comments on "Stabilize an Unstable Economy" ［J］. Journal of Economic Literature, 1989, 3: 105 - 108.

续表

特征 \ 传统		外生经济周期研究传统	内生经济周期研究传统
本体论信条	经济体系常态	稳定是常态（内生稳定）	不稳定是常态（内生不稳定）
	市场动态	市场均衡、稳定性力量	市场非均衡、去稳定性力量
	经济周期的来源	经济周期源自外生冲击	经济周期源自内生过程
	经济图景	物物交换经济（货币、债务中性）	货币生产型经济（货币、债务非中性）
	主导因素	供给面因素占主导 增长和资源充分利用	需求面因素占主导 周期和有效需求不足
	时间概念	逻辑时间（遍历性）	历史时间（非遍历性）
	不确定性概念	风险/不确定性等价	不可缩减的不确定性
	金融的角色	被动性/加速要素、扭曲/摩擦	能动性/驱动要素、基础性制度架构
	政策应对	自由放任、小政府	政府干预、大政府
方法论规则	研究范式	乡村集市范式/物物交换范式	华尔街范式/积累范式
	研究框架	均衡框架	非均衡框架
	行为假设	"理性"（狭义理性）	"非理性"（广义理性）
	模型化表述方式	DSGE	SFCMs、ABMs

资料来源：作者自行整理和绘制。

四、 总结和评论

受传统科学哲学和科学知识经济学的影响，经济学的演变通常被视作呈现出一种线性的累积式发展模式。一方面，在二十世纪五六十年代爆发的数学形式主义革命之后，经济学越来越被认为是最接近自然科学的"硬科学"。而自然科学在当时"逻辑实证主义"科学哲学或"公认的观点"的影响之下，其发展被普遍视作一个知识不断积累和进步的过程。自然而然，经济学也被视作像自然科学那样遵循这种累积性发展模式。另一方面，主流新古典经济学当中流行的"有效市场假说"，被萨缪尔森（Paul Samuelson）和斯蒂格勒（George Stigler）等一些经济学家借用来分析经济学自身这个"思想市场"。思想市场被描述为像新古典经济学所构想的现实市场那样，既是完全竞争的，又是富有效率的。因此，经济思想的发展必然意味着是一种帕累托改进，不会带来任何"内容损失"。

然而，这种流行的累积性发展观点，如今因站不住脚而遭到了绝大多数经济思想史家的驳斥。就前一个方面而言，作为道德科学的经济学被认为从本质上不同于自然科学，因而也不可能遵循自然科学的发展模式，更何况自然科学也并非呈现出传统科学哲学所认为的累积性知识进步。相比于自然科学研究无生命力的物质的运行规律，经济学研究的却是更加复杂的有意识的人类的思想和行为。并且，自然科学传统的直线发展的累积性观点，早已被二十世纪六七十年代兴起的诸如库恩和拉卡托斯等新的科学哲学理论驳斥和摒弃。就后一个方面而论，经济学知识生产和传播的"思想市场"，并不适用于传统科学知识（新古典）经济学的"有效市场"分析，它既非竞争性，也非有效率。布劳格（Mark Blaug）等著名经济思想史家"以子之矛攻子之盾"，同样利用科学知识经济学的论据来反驳思想市场有效论。他们利用有别于主流新古典经济学的演化经济学理论，采取有别于"竞争状态"的"竞争过程"概念，论证了经济学这个思想市场是无效率的，经济学发展必然蕴含着"内容损失"。

因此，现在大部分经济思想史家已经摒弃了传统的累积性发展观点，而是更倾向于支持替代性的竞争性发展观点。无论是基于后来发展的科学哲学，还是依据新兴的科学知识经济学，经济学的演变都被视作不同思想和学派并行发展、相互竞争、交替争胜，从而呈现出周期性波动的发展过程和模式。尽管库恩的"范式"和拉卡托斯的"科学研究纲领"概念和理论在本质上与这种竞争性观点是一致的，但在这二者基础之上发展而来的劳丹的"科学研究传统"概念和理论却更好地描述了经济学这个学科的竞争性演化模式。一方面，"研究传统"概念更具松散性和包容性，能够容纳和概括纷繁复杂的思想学派以及同一学派当中不尽相同的理论；另一方面，这一概念也更具历史性和动态性，能够刻画和突显相互竞争的思想和学派前后相继的历史传承和动态演进。经济学的发展于是可以看作不同的经济学研究传统随着时间的推移和空间的转换，而并行存在、相互竞争和交替起伏的动态过程。

在经济学总体或一般学科层面，存在着两大由来已久并长期共存的经济学研究传统的竞争和演替。一种是发端于启蒙运动时期一直发展到现代新古典经济学，基于静态的、机械的、原子论的和封闭的本体论和世界观信条，以及个人主义和均衡导向的方法论信条的西方牛顿主义正统经济学研究传统；另一种则是起源于更久远的文艺复兴时期延续到当代异端经济学，基于动态的、系统的、有机的和开放的本体论和世界观信条，以及整体主义和非均衡导向的方法论信条的西方达尔文主义非正统经济学研究传统。这两大经济学研究传统在经济周期研究领域得到具体而鲜明的体现。一种是秉持西方牛顿主义正统经济学研究传统的外生经济周期研究传统，坚持经济体系内在均衡稳定的静态机械的本体论和世界观信条，遵循构造各种外部冲击来产生和模拟经济周期波动的方法论规则；另一种则是秉承西方达尔文主义非正统经济学研究传统的内生经济周期研究传统，坚持经济体系内在非均衡不稳定的动态演化的本体论和世界观信条，遵循探求体系内部运行动态来驱动经济周期波动的方法论规则。在这两大经济学和经济周期研究传统当中，明斯基不仅吸收和继承了西方达尔文主义非正统经济学研究传统和内生经济周期研究传统，而且发展和光大了这种悠久的非正统研究传统。2008 年"大衰退"以来明斯基经济思想的"重新发现"和时兴，在很大程度上代表了这种内生经济周期研究传统以及背后更广泛的达尔文主义经济学研究传统的复兴和流行。

从历史上看，这两大经济学研究传统的交替兴衰正像经济思想的演变那样，主要受到两方面因素的影响①。一方面，如"相对主义"或"外史"史观所强调的，经济学的历史演变深受经济学科外部因素和力量的影响，包括经济、社会和政治等历史状况和环境的变化，它们更多影响着经济问题的选择和转换；

---

① 李黎力，贾根良. 经济思想编史学：学科性质、内容与意义 [J]. 经济学动态，2017（11）.

另一方面，如"绝对主义"或"内史"史观所强调的，经济学的历史演变同样也受到经济学科内部因素和力量的影响，包括经济学与日俱增的专业化、经济学家知识水平和标准的变化以及经济学界学术风气、惯例和价值观的变化，它们更多影响着经济问题的分析和解决。

从这两方面审视，我们可以理解以上两大传统的交替式兴衰起伏。外生经济周期传统及其背后的牛顿主义正统传统，自古典经济学阶段开始，在经济思想史上绝大部分时期占据着主导地位。之所以在后来的新古典经济学阶段被内生经济周期传统及其背后的达尔文主义非正统传统压制而沦为非主流，主要原因便在于学科外部力量。在这段时期，人们日益感受到了资本主义的不稳定性在加剧，特别是1929年"大萧条"的爆发引发了对经济周期内在产生的大量研究[①]。然而好景不长，随着二战之后资本主义迎来"黄金时代"和接下来"大稳健"时期的到来，外生正统传统又卷土重来，成为主流传统，而过去的内生非正统传统则沦为非主流传统，面临着绝迹的危险。出现这种转变无疑与这种外部环境的变化密切相关。人们对市场经济稳定性的信念不断增加，经济周期逐渐从公共视野和经济学界淡出。公共部门在主要资本主义国家的比重大幅上升，政府干预和政策越来越被认为是构成大规模宏观经济效应的主要来源，经济收缩和波动于是顺理成章被归咎于政策诱发的偶然事件或冲击，而不是经济体系的内部动态[②]。当时爆发的冷战，也对新古典理论这种能够防御极权主义对西方威胁的正统理论类型产生了极大的需求[③]。但同样不可忽视的是，这种转变同样与学科内部因素息息相关。在二十世纪五十年代阿罗－德布鲁模型诞生之后，一般均衡理论的影响不断上升。加上当时数学形式主义革命（现代数理经济学和计量经济学兴起）的爆发以及线性数学模型的便利和流行，共同推动了均衡

① Medio, A. Trade cycle [M]. The New Palgrave Dictionary of Economics: 3rd edition. London: Palgrave Macmillan, 2018: 13744 – 13754.

② Zarnowitz, Victor. Recent work on business cycles in historical perspective: a review of theories and evidence [J]. Journal of Economic Literature, 1985. 23 (2): 523 – 580.

③ 赖纳特, 达斯. 替代性教规: 文艺复兴经济学史 [M] // 赖纳特, 贾根良. 穷国的国富论: 演化发展经济学论文选: 上卷. 贾根良, 等, 译. 北京: 高等教育出版社, 2007: 2 – 54.

–外生冲击传统的回归和发展。

从以上经济学研究传统演替的历史经验来看，明斯基经济思想在这次全球金融危机之后的复兴具有一定的必然性。历史上，每当爆发严重的金融危机和经济衰退，内生经济周期研究传统和背后的达尔文主义非正统经济学研究传统便会得到复兴和关注，因为外生经济周期研究传统及其背后的牛顿主义正统经济学研究传统往往无法解释危机的爆发，正如在十年前这场危机中发生的那样。面对这场"大萧条"以来最严重的危机，以主流新新古典综合 DSGE 模型为代表的外生经济周期研究传统，既未能预见到这场危机的爆发，也无法解释这场危机的产生，更无法提供有效的应对之策①。因为如上所述，在这种外生经济周期研究传统的本体论和世界观当中，危机就不应该发生，市场能够自动地实现均衡和稳定。正是在这种西方主流经济学遭遇失败的背景之下，过去被忽视被遗忘的"名不见经传的"美国已故经济学家明斯基的经济思想才"重见天日"，被经济学界内外广泛关注和讨论。作为当今最佳地剖析了经济危机和周期内生性的当代经济学家，明斯基思想的流行因而代表的是过去濒临绝迹的达尔文主义非正统传统及其内生经济周期传统的振兴。相比于外生经济周期传统的最新经济周期理论，作为内生经济周期研究传统最新理论的明斯基的金融不稳定性假说，被广泛认为与过去的历史经验更为契合，并对此次危机更具解释力，以至于这场危机被普遍冠之以"明斯基时刻"②。

然而，以明斯基为代表的这种内生经济周期研究传统及其背后的达尔文主义传统的复兴，是否就意味着它们已经取代外生经济周期研究传统及其背后的牛顿主义传统，而成为占支配地位的主流传统呢？从危机降临十年后的今天来看，答案似乎是否定的！当今主流经济学界虽然意识到明斯基经济思想的重要性，但是却没有真正接受和发展明斯基所代表的非正统内生经济周期研究传统③。相反，他们基本上只是将明斯基的部分思想有选择性地吸收和纳入他们的

---

① 李黎力, 沈梓鑫. 经济学向何处去——金融危机以来的经济学反思 [J]. 经济理论与经济管理, 2012 (7).

② 李黎力. "明斯基时刻"之考辨 [J]. 经济理论与经济管理, 2013 (7).

③ 李黎力. 明斯基与主流经济学：渊源与分化 [J]. 经济理论与经济管理, 2017 (7).

理论，着力于维护和发展他们的外生经济周期研究传统。这主要表现在他们将明斯基所强调的金融的角色植入他们标准的 DSGE 模型框架，将金融分析以金融市场不完全（源自信息不对称或非竞争性市场的"摩擦""扭曲"）的名义"嫁接"在传统的实物分析之上，从而构造一个金融非中性的特殊市场情形。当前宏观经济学依然奉自由市场理念为圭臬，相信经济体依靠市场调节能自我矫正，因而致力于探讨和"构造"产生经济周期波动的外部冲击的性质，而不是经济体系内在地滋生不稳定性和危机的力量。之所以如此，主要是因为以上所述的"绝对主义"史观所强调的学科内部因素在研究传统的交替起伏中发挥着更加重要的作用。当前的牛顿主义正统经济学研究传统过于强大，依然主导着主流经济学界。宏观经济学界对 DSGE 模型的大规模"专用性人力资本投资"产生了路径依赖和锁定，以至于依然遵循着正统的外生传统的本体论和方法论规则。在这种背景之下，未来内生经济周期研究传统的复兴依然任重而道远。

（作者单位：中国人民大学经济学院）

近代中国社会性质理论史的"法权分析"阶段

——以"所有权与使用权"定义的"半封建"概念史为中心（1927—1930）

邱士杰

摘要： 封建（feudalism）和马克思提出的亚细亚生产方式是将农民设定为被剥削者的著名概念。由于二十世纪二十年代中国革命发现了农民的革命潜力，因此这两个概念都曾用于分析中国社会性质。虽然亚细亚生产方式对于中国社会性质的解释昙花一现，却意外引进以所有权和使用权为中心的法权分析并据此在1928年形成"资本主义商品买卖（土地所有权）＋封建剥削（土地使用权）＝半封建"的定义。但因这个定义无法揭示资本主义和封建两种因素在半殖民地条件下的有机联系，导致李立三和王明往往过度强调某一单个因素的支配性地位。直到毛泽东发表《中国革命与中国共产党》揭示了两种因素的有机联系，半封建概念才终于取得有效且持久的定义。

关键词： 社会性质；半封建；亚细亚生产方式；法权分析；所有权与使用权

引言

指导中国革命走向胜利的半殖民地半封建社会论是今日史学界界定"近代中国"（1840—1949）社会性质的主要依据。到目前为止，多数关于近代中国社会性质分析理论史的研究都集中于作为关键词的"半殖民地"和"半封建"概念如何在革命过程中出现。[①]

虽然这种以关键词搜寻为方法的研究较难呈现半殖民地半封建社会论的内在脉络和形成过程，却充分显示出半殖民地、半封建的概念和相关理论不是任何个人在特定时空内突发奇想的成果，而是许多革命的理论工作者在1919—1949年间一步一步共同完成的结晶。

正如卢卡奇沿着马克思的思路而引申出的判断："每一种历史的认识都是一种自我认识。只有当现在的自我批判能以适应的方式进行时，'只有它的自我批判在一定程度上，所谓在可能范围内准备好时'，过去才能变得显而易见。"[②] 半殖民地半封建社会论既是对"近代中国"的自我批判，也是这个社会的自我认识。尽管这样的自我批判和认识直到1919—1949年之间才发展起来，却也因此体现出1840—1949年的中国历史确实表现为连续且统一的"近代中国"。

本文试图在既有研究基础上介绍一个出现在近代中国社会性质理论史的最初期，却未曾为人所注意的"法权分析"阶段。所谓法权分析阶段，指的是苏联和中国马克思主义理论家以所有权和使用权所体现的法权关系定义"半封建"概念的短暂时期。这个阶段虽短，但脉络清晰，可以为近代中国社会性质理论的形成史提供侧面的理解。

---

① 可着重参考以下讨论：陈金龙. "半殖民地半封建"概念形成过程考析 [J]. 近代史研究，1996（4）：227 - 231；陶季邑. 关于"半殖民地半封建"概念的首次使用问题——与陈金龙先生商榷 [J]. 近代史研究，1998（6）：221 - 225；张庆海. 论对"半封建""半殖民地"两个概念的理论界定 [J]. 近代史研究，1998（6）：226 - 234.

② 卢卡奇. 历史与阶级意识：关于马克思主义辩证法的研究 [M]. 杜章智，等，译. 北京：商务印书馆，1996：322. 卢卡奇文中的引文来自马克思. 政治经济学批判：导言//马克思恩格斯全集：第30卷 [M]. 中共中央马克思恩格斯列宁斯大林著作编译局，译. 北京：人民出版社，1995：47.

一、 封建和亚细亚生产方式： 为论证中国农民的被剥削地位而引入的两个概念 （1927）

瞿秋白（1899—1935）曾说：五四的时候大家都在谈社会主义，五卅之后却都在谈阶级斗争。[①] 大革命失败之后他又说：现在的中国正在面临社会的大破裂的局面，各阶级之间的斗争打破了社会的整体性。[②] 瞿秋白指陈的社会内部分裂表现为多方面。除了国共之间的左右斗争、国民党内的左右对立，以及国共共同（或各自）对各地军阀之间的矛盾之外，最为引人侧目的就是广东、湖南等地农民在 1926 年前后为了反对地主士绅而掀起的大规模运动。[③] 农民运动展现的巨大力量不但让以毛泽东为代表的先觉者发现中国革命的关键动力，也吸引了共产国际从远方投向中国的目光。由于以蒋介石为代表的右派蠢蠢欲动，因此共产国际在 1926 年年底之后多次提出中共应通过土地革命发动农民，然后藉由农民对地主的反抗来抵制国民党右派的进攻。虽然中共和国民党左派曾在 1927 年的"4.12"到"7.15"之间共同组织"土地委员会"，提出以大地主为对象的"政治性的没收"，[④] 但"政治性的没收"只是从头到尾未付实践的象征性举动，不是土地革命。也就是说，直到中共召开"八七会议"真正落实土地革命之前，土地革命始终未能在国共合作框架下展开。

为了分析中国现实生活中的"地主 – 农民"矛盾，二十世纪二十年代的理论家尽力寻找合适概念以突显农民的被剥削地位。第一个得到引入的概念就是今日已经和"封建"经常相互对译的"Feudalism"。封建的汉语本义乃指周代为典型的"封邦建国"，相当于在上层建筑的角度描述地方割据政权的广泛存在。因此封建二字最初就是在这个意义上被建党初期的二十世纪二十年代革命者用

[①] 瞿秋白. 国民革命运动中之阶级分化：国民党右派与国家主义派之分析 [J]. 新青年，1926（不定期刊第 3 号）：23.

[②] 秋白 [瞿秋白]. 中国社会的大破裂 [J]. 布尔塞维克，1927，1（3）：64 – 68.

[③] 可参见王奇生关于北伐的武装斗争刺激了各地农民运动的分析：王奇生. 革命的底层动员：中共早期农民运动的动员参与机制//徐秀丽，王先明. 中国近代乡村的危机与重建：革命、改良及其他 [M]. 北京：社会科学文献出版社，2013：273 – 309.

[④] 关于土地委员会的土地政策可参见：土地委员会第三次扩大会议记录（1927.4.22），中国国民党党史资料库；土地问题议决案（1927.4.27 – 5.9）//中国共产党第五次全国代表大会档案文献选编 [M]. 中共中央党史研究室与中央档案馆编. 北京：中共党史出版社，2015：8 – 12；蒋永敬. 鲍罗廷与武汉政权 [M]. 台北：传记文学出版社，1972：276 – 310.

来描述军阀对中国的瓜分割据。正如德里克（Arif Dirlik）所言："尽管革命者们对封建势力的定义相差甚远，但他们都认同封建势力是由军阀和官僚组成的。"[①]虽然以陶希圣为代表的国民党左派论者始终顽固地在整个二十世纪二十年代"将'封建势力'归于政治上层建筑"，[②]但各地农民运动所体现的"地主－农民"矛盾还是让"人们对'封建'一词的理解发生了变化"，[③]于是原生的封建概念（＝封邦建国）才逐渐转化为依据"中国社会经济结构，或生产关系的根本特征"[④]而定义的汉译封建概念（＝Feudalism＝"地主－农民"矛盾）[⑤]。——为了行文方便，本文以下提到"封建"的地方，均悉 Feudalism 之对译词。

除了封建概念，"亚细亚生产方式"（Asiatische Produktionsweise / Asiatic Mode of Production，早期又汉译为"亚洲生产方式"）也能突显农民处于被剥削的地位。亚细亚生产方式是马克思在《政治经济学批判（序言）》《政治经济学批判大纲》（即 1857—1858 手稿）《资本论》，以及关于印度问题等著作中先后涉及的课题，并在日后的争论中逐渐形成由以下要素所共同构成的形象：手工业与农业在家内的结合、土地国有（土地私有制的缺乏）、专制主义（despotism）、农村公社、地租与赋税的统一，以及大型水利工程的存在。在二十世纪的论争中，一些论者倾向于将亚细亚生产方式等同于"五阶段论"的某一阶段，另一些论者则主张这个概念应独立于"五阶段论"之外。[⑥]虽然论者间的争论还

---

① 阿里夫·德里克. 革命与历史 [M]. 翁贺凯，译. 南京：江苏人民出版社，2005：48.

② 阿里夫·德里克. 革命与历史 [M]. 翁贺凯，译. 南京：江苏人民出版社，2005：61.

③ 阿里夫·德里克. 革命与历史 [M]. 翁贺凯，译. 南京：江苏人民出版社，2005：49.

④ 阿里夫·德里克. 革命与历史 [M]. 翁贺凯，译. 南京：江苏人民出版社，2005：61.

⑤ 直到今天，"封建"是否适合用于对译"Feudalism"仍然饱受争议。这方面的争论可着重参见李根蟠的理论史梳理：李根蟠. 中国"封建"概念的演变和"封建地主制"理论的形成 [J]. 历史研究，2004（3）：146－172. 并可参考以下两本论文集所收的论争文字：中国社会科学院历史研究所，等. 封建名实问题讨论文集 [M]. 上海：江苏人民出版社，2008；叶文宪，聂长顺. 中国"封建"社会再认识 [M]. 北京：中国社会科学出版社，2009. 以及广受讨论的冯天瑜. "封建"考论 [M]. 武汉：武汉大学出版社，2007.

⑥ 关于亚细亚生产方式的争论可参见：ソヴェート・マルクス主義東洋学者協会編. アジアの生産様式に就いて [M]. 東京：白揚社，1938. 此书是 1931 年苏联亚细亚生产方式讨论会速记记录唯一的亚洲译本；郝镇华编. 外国学者论亚细亚生产方式 [M]. 北京：中国社会科学出版社，1981；翁贝托・梅洛蒂. 马克思与第三世界 [M]. 高铦，等，译. 北京：商务印书馆，1981；李根蟠. 亚细亚生产方式再探讨 [J]. 中国社会科学，2016（9）. 国际上的最新研究可参见：福本勝清. アジアの生産様式論争史：日本・中国・西欧における展開 [M]. 東京：社会評論社，2015.

在进行，但农民在亚细亚生产方式勾勒的历史形象中属于无可置疑的被剥削者，而拥有全国土地所有权的国家主权者则是剥削者。因此，虽然亚细亚生产方式可以因为农民被设定为被剥削者而引入中国革命现场，但就其侧重分析"国家－农民"矛盾而非"地主－农民"矛盾而言，远不及封建概念适合中国革命。

受共产国际指派赴华而在 1927 年下半年与瞿秋白共同指导中共中央的罗明纳兹（В. В. Ломинадзе，1897—1935）是把亚细亚生产方式论引入中国革命现场的先驱。罗明纳兹赴华的主要任务是扭转 1927 年大革命失败后的局势，并主持和参与了史称"八七会议"的中共中央紧急会议。"八七会议"决定中共完全放弃国民党旗帜、正式开展土地革命和武装斗争，并由瞿秋白代替陈独秀的领导职务。①

罗明纳兹与瞿秋白指导中共中央期间曾经提出一份《中国共产党土地问题党纲草案（1927. 11. 28）》（作者"立夫"②）。这份《草案》从亚细亚生产方式论者经常提到的水利工程、专制国家，以及手工业与农业的家内结合等方面分析中国社会性质，并判断"中国这样的社会经济制度——就是马克思列宁所称为'亚洲式的生产方法'制度。"③因此《草案》一般也被视为党史上空前绝后的亚细亚生产方式纲领。比如，日本著名历史学家石母田正（1912—1986）就如此看待这份《草案》，并称赞 1928 年的中共六大以充分的能力和洞见将这份《草案》果断抛弃，从而超越了许多把亚细亚生产方式定义为停滞论并以此规定中国社会性质的日本历史学者。④

尽管一些日本学者确曾将中国定义为停滞的亚细亚社会，但《草案》并不能理解为纯粹的亚细亚生产方式纲领。因为亚细亚生产方式论者经常关心的土地国有、国家对农民的剥削，以及赋税和地租的统一等问题在《草案》的叙述里完全缺席。相较于上述核心关怀的缺乏，通篇没有"封建"二字的《草案》反而着重分析了中国的"地主－农民"矛盾，并追加强调地主与商人、官僚之

---

① 中共中央党史征集委员会与中央档案馆. 八七会议 [M]. 北京：中共党史资料出版社，1986.
② 有论者称"立夫"即笔名斯特拉霍夫的瞿秋白，但目前没有任何版本的瞿秋白著作集收录此文。
③ 立夫. 中国共产党土地问题党纲草案 [J]. 布尔塞维克，1927，1 (6)：155.
④ 石母田正. 歴史と民族の発見—歴史学の課題と方法 [M]. 東京：平凡社，2003：65－70.

间的复合关系。因此当时的党内评论者甚至只看到《草案》对"地主 – 农民"矛盾的分析而无视其亚细亚生产方式论。[①]

《草案》的论述策略可能与匈牙利出身的亚细亚生产方式论者马札亚尔（Л. И. Мадьяр，1891—1937）有关。马札亚尔曾在 1926—1927 年间由苏联外交人民委员会派往苏联驻上海领事馆，研究中国问题。[②] 返苏之后，马札亚尔于 1928 年完成了其研究中国社会性质的代表作《中国农村经济研究》（Экономика сельского хозяйства в Китае），并在 1931 年推出修订版。由于罗明纳兹自称曾经抢先阅读尚未出版的马札亚尔著作（应即《中国农村经济研究》），[③] 因此罗明纳兹很可能沿着马札亚尔的思路开展他在中国的工作。

1928 年版首先以两种汉译版的形式传入亚洲，其中一种版本甚至自称参考了 1928 年版的某种"草本"（可能指马札亚尔在内部发行的先行版）。[④] 在汉译本的基础上，才又进一步出现根据汉译再行转译的日译本。[⑤] 汉译先于日译以及中国译者获得"草本"的现象，体现出苏联在二十世纪二十年代成为中国学生留学新选项的时代特征。直到马札亚尔推出 1931 年修订版，日本译者才首次直接根据俄文日译此书。[⑥]

1928 年版的最大特点就是突出中国农民的被剥削地位，并主张中国社会性质可用亚细亚生产方式解释。吊诡的是，主张亚细亚生产方式的 1928 年版非但不讨论"国家 – 农民"矛盾是否存在于中国，反而和《草案》一样，把更多篇

---

① 比方李平心（1907—1966）对《草案》的评论就仅仅围绕着"地主 – 农民"矛盾而展开，至于《草案》的亚细亚生产方式论色彩对他来说似乎只是修辞般的存在。参见李平心. 中国土地问题与土地革命——读了立夫同志的《土地问题党纲草案》以后//平心文集：第 1 卷 [M]. 上海：华东师范大学出版社，1985：86 – 106. 本文原载于 1927 年发行的《布尔塞维克》杂志。

② ソ连科学アカデミー极东研究所. 中国革命とソ连の顾问たち [M]. 东京：日本国际问题研究所，1977：157 – 172.

③ 罗明纳兹. 中国革命的新阶段和中国共产党人的任务（1928. 2）//共产国际、联共（布）与中国革命文献资料选辑（1927—1931）：上册 [M]. 中共中央党史研究室第一研究部，译. 北京：中央文献出版社，2002：63.

④ 该书 1928 年版的两部汉译本分别是马嘉. 中国农村经济之特性 [M]. 宗华，译. 上海：北新书局，1930；马札亚尔. 中国农村经济研究 [M]. 陈代青，彭桂秋，译. 上海：神州国光社，1930.

⑤ 根据汉译本再行转译的日译本为：マデアール. 中国农村经济研究：上 [M]. プロレタリア科学研究所中国问题研究会，译. 东京：希望阁，1931.

⑥ 直接译自 1931 年俄文原版的日译本则是：マヂャール. 支那农业经济论 [M]. 井上照丸，译. 东京：学艺社，1935；マヂャル. 支那の农业经济 [M]. 早川二郎，译. 东京：白扬社，1936.

幅用于彰显"地主－农民"矛盾。因此，1928 年版的理论与实证之间实际上存在着深刻的内在矛盾。正如另一名亚细亚生产方式论者瓦尔加（E. Varga，1879—1964）所言，当他"读了'亚细亚生产方式'的热诚拥护者马加尔的著作后，我赋予亚细亚制度以比过去小得多的意义，而赋予封建因素以比过去大得多的意义。该书在理论上特别强调亚细亚生产方式的意义，但几乎没有完全相应的具体资料，这两者之间的矛盾是此书的弱点。作者认真收集了有关某些省份的租佃条件的材料，从这些材料……清楚看出，中国的现实情况在很多方面同欧洲中世纪的生活条件相似"。①

1928 年版的内在矛盾直到始终没有汉译的 1931 年版才获得解决。由于亚细亚生产方式在《中国农村经济研究》初版发行之后遭到苏联学术界批判，因此 1931 年版干脆直接删掉了 1928 年版涉及亚细亚生产方式的所有段落，尤其是详谈此概念的"导论：亚细亚生产方式与帝国主义"以及"第八章：中国土地私有制的性质与形式"的"I. 初步说明"② 中论及亚细亚生产方式的部分被删除，书中关于"地主－农民"矛盾的分析便完全符合封建概念界定的阶级对立，并使 1931 年版瞬而成为合乎苏联学术标准的"中国封建土地关系论著"。

虽然《中国农村经济研究》提供的实证材料更有利于证明"地主－农民"矛盾的广泛存在和封建概念的适用性，但马札亚尔还是努力以迂回的方式为亚细亚生产方式的实存提供证据。最显著的例子是：亚细亚生产方式关注的土地国有制意味着资产阶级土地私有权的缺乏，但《中国农村经济研究》无法证明土地国有制存在于中国，于是把今日史学家视为封建土地所有制的"永佃权"等前近代的多重地权现象等同于中国缺乏资产阶级土地私有权的证据（这可能

---

① 苏联《真理报》，1929 年 6 月 1 日，转引自郝镇华. 外国学者论亚细亚生产方式：下册 [M]. 北京：中国社会科学出版社，1981：39.

② 参见：Людвиг Мадьяр，Экономика Сельского Хозяйства В Китае [M]，Москва － Ленинград：Государственное издательство，1928：5 - 22，120 - 123. 以及 Людвиг Мадьяр，Экономика Сельского Хозяйства В Китае [M]，Москва － Ленинград：Государственное социально － экономическое издательство，1931. 另外，1928 年版关于亚细亚生产方式的论述亦曾被摘录为期刊论文的形式在中日期刊上发表，比方：马迪亚. 中国的农业经济 [J]. 新生命，1929，2（8）. 本文译自 1928 年版的德译版. 以及マデアール. アジア. 生产方法 [J]. 满铁支那月誌，1930（第 7 年第 9 號）.

也是《草案》同样特别重视永佃权和"共有田地"的原因①)。虽然《中国农村经济研究》的迂回论证过于牵强,但其通过多重地权找寻亚细亚生产方式身影的思路却有重大的理论意义。由于亚细亚生产方式预设国家是最高的地主,因此国家以下的各阶层民众势必只能在没有土地所有权的前提下与土地发生关系。比如一些人可能拥有土地使用权,一些人可能拥有土地占有权,而另一些人则可能拥有土地用益权,或者这些权利之间又产生某种重叠,等等。正如马克思所言:

> 同直接生产者直接相对立的,如果不是私有土地的所有者,而是像在亚洲那样,是既作为土地所有者同时又作为主权者的国家,那么,地租和赋税就会合为一体,或者不如说,在这种情况下就不存在任何同这个地租形式不同的赋税。在这种状态下,对于依附关系来说,无论从政治上还是从经济上说,除了面对这种国家的一切臣属关系所共有的形式以外,不需要更严酷的形式。在这里,国家就是最高的地主。在这里,主权就是在全国范围内集中的土地所有权。但因此在这种情况下也就没有私有土地的所有权,虽然存在着对土地的私人的和共同的占有权和用益权。②

无论是使用权、占有权,还是用益权,都是所有权的派生权能,而这些概念所构成的法权分析与亚细亚生产方式论相当亲和。因此,虽然《中国农村经济研究》和《草案》没能成功地将中国社会性质论证为亚细亚生产方式,但法权分析却因此引入中国社会性质的研究。比如 1928 年版的《中国农村经济研究》就曾指出,帝国主义与资本主义侵蚀殖民地半殖民地的过程"并不是依照

---

① 《草案》关于前近代多重地权的论述如下:"在中国中部各省(江、浙、皖、赣等),租佃关系之中有所谓'共有田地':地主有田底,佃农有田面。这种情形大半由重利盘剥而来的,或者是由于佃农代垦地主荒地而来的。中国永佃权的存在以及'共有田地'的制度,很明显的证明中国农村之中并非资产阶级式的私有制度占优势。直到最近,地方才开始用全力夺取那种'共有田地'的所有权,要想使旧式的'共有田地',变成完全地主所有的田地。""地主竭力要想取消有碍于剥削的旧式的永佃权及收租时的旧习惯(荒年照例减租,每年只收一次收获的租,贫民可以自由检拾稻场上遗落的稻梗等等);地主要想变更旧式的亚洲式的土地所有制度,使成为比较现代式的资产阶级的私有制度。然而农民的倾向,却是要使地主的土地,变成农民所有。"参见:立夫.中国共产党土地问题党纲草案(1927.11.28)[J].布尔塞维克,1927,1(6):158-159.

② 马克思.资本论:第一卷//马克思恩格斯全集:第四十六卷[M].中共中央马克思恩格斯列宁斯大林著作编译局,译.北京:人民出版社,2003:894.

其纯粹的形式，……所以我们能在殖民地半殖民地观察到土地所有权（землевладение）和土地使用权（землепользование）的新旧形式如色彩斑斓的拼布那样存在。"[1] 但由于所有权及其派生的各种权能尚未在当时中国取得公认的规范译法，便导致这些互有异同的汉译词汇（比如私有权、使用权、占有权、领有权……）构筑起难解的汉语译著。比如《中国农村经济研究》的陈代青与彭桂秋汉译本就是这种难以理解的典型。

二、 从法权分析获得定义的 "半封建" （1928）

由于《草案》以亚细亚生产方式解释中国社会性质的论述策略存在前述各种缺陷，因此刚推出就遭到各种反对。首先，米夫（П. А. Миф，1901—1939）在 1927 年 12 月召开的联共（布）十五大对罗明纳兹展开了强烈的质疑——

罗明纳兹：要把中国农村存在的那种类型的社会关系称作封建主义，只能是相对的，并需补充说明，这种类型的社会关系同欧洲的中世纪有很少的相似之处。独特的中国封建主义残余（这种封建主义最好像马克思那样称之为亚细亚生产方式）是引起农村极为尖锐的阶级斗争的原因。[2]

……

米夫：我对封建制度的问题讲两句。罗明纳兹同志试图把封建制度与亚细亚生产方式对立起来。

罗明纳兹：这是马克思对立起来的！

米夫：马克思没有把封建制度和亚细亚生产方式对立起来过！

罗明纳兹：这说明你不懂马克思主义！

米夫：马克思把亚细亚生产方式理解为封建制度的变种之一，同时还说明，这里同一般的封建制度在实质上没有任何区别，而有的只是一些表面上的、一

---

[1] Людвиг Мадьяр, Экономика Сельского Хозяйства В Китае ［M］, Москва – Ленинград: Государственное издательство, 1928：123. 马札亚尔这段话在 1931 年版删去。

[2] 向青. 共产国际和中国革命关系史稿 ［M］. 北京：北京出版社，1988：125.

部分是历史和法律上的次要区别。……十分清楚，中国的这种封建制度有其特点。……再者，中国目前没有纯粹的封建制度，因为这种制度不仅与商业资本，而且与资本主义的最高形式——外国金融资本勾连结合在一起，因为这种封建制度与外国资本勾连结合在一起，所以它在许多方面就成为外国资本在中国进行经济统治的传动带。①

不久之后，中共六大（1928 年 6 月 18 日至 7 月 11 日）全面批判了亚细亚生产方式论。李立三认为亚细亚生产方式论容易给人一种中国早已土地国有化的错误印象，而这种错误印象将让人以为土地革命可以轻易接收已经国有的所有土地，进而忽略掉地主的现实存在②。李立三的反省刚好折射出当时的中国革命非常需要一个确切概念去突出"地主－农民"矛盾。尽管罗明纳兹驻华时期推出的《草案》也努力突出这样的矛盾，但《草案》中不断出现的亚细亚生产方式词语显然容易产生李立三担心的误导作用。

中共六大为了制定全新的土地纲领而召开了连续九天的会议。首先，李立三所主持的"农民土地问题讨论"（7 月 1 日至 2 日）集中论证中国资本主义（在国民党统治下的）的发展困难，其次则评估农民运动的可能性。此外，共产国际东方书记处组织了苏联专家马札亚尔、米夫、沃林（М. Волин，1896—?）、约尔克（Е. С. ИОЛК，1900—1937）、弗雷耶尔（Б. С. Фрейек，1897—?）、修卡里（М. И. Щукарь，1897—?），以及中国代表苏兆征、向忠发等人，共同起草了中共的土地纲领草案。③ 在这份草案的基础上，李立三先后向代表们做了《关于农民土地问题的报告》《农民土地问题讨论的结论》《关于农民土地问题讨论的总结发言》三次报告，其间还有十六位代表发言反馈意见。

---

① 米夫. 在联共（布）第十五次代表大会上的发言（1927. 12）//王福曾，等. 米夫关于中国革命言论［M］. 人民出版社：北京，1986：46－47.

② 李立三. 关于农民土地问题的报告（1928. 7. 1）//中共中央党史研究室与中央档案馆. 中国共产党第六次全国代表大会档案文献选编：上卷［M］. 北京：中共党史出版社，2015：419. 类似批评方式还可参看米夫："如果承认中国有'亚洲式生产方法'残余的存在及其统治，那么，便与主要的政治口号——土地国有相矛盾。因为在亚洲式生产方法之下，土地已经国有化了。"见：米夫. 中国共产党第六次大会上的土地问题［J］. 布尔塞维克，1929，2（7）：49.

③ 米夫. 米夫给斯大林等的信（1928. 6. 14）//中共中央党史研究室与中央档案馆. 中国共产党第六次全国代表大会档案文献选编：上卷［M］. 北京：中共党史出版社，2015：112.

最后在 7 月 9 日定稿为《土地问题议决案》。

六大土地纲领的新认识表现为两方面。（1）六大全面考察了各种可能促使中国资本主义化的途径。比如国民党政权本身的治国能力、租佃地主向经营地主的转化（地主直接雇佣农业工人务农）、富农成为农村资本主义的主体，以及外国资本对农村的投资。但六大认为上述途径在半殖民地的中国必然是半途而废的死路，只有共产党领导的土地革命才能开辟资本主义的发展道路。[①]（2）既然半殖民地的中国还需资本主义化，就表示当前的中国社会性质仍然处在前资本主义阶段。但因亚细亚生产方式不适合界定中国社会性质，便有必要提出新的定义。对此，六大使用了"半封建"概念。

六大的"半封建"概念与此前各种场合偶有提及的半封建不同。六大所称的"封建"指的是"地主－农民"矛盾尤其特指地主对农民进行的剥削，而"半"则是从法权分析的角度把握土地所有权和土地使用权的二元对立（因为"土地所有制与土地使用关系是土地问题的中心"[②]）。在一般熟知的意义上，这两种权利的二元对立指的是土地所有权垄断在地主之类的少数人手中而大多数的农民只拥有使用权。但六大对这两种对立权利的把握，却是判断封建因素只在土地使用权的范围里存在而土地所有权已然资本主义化。也就是：

资本主义商品买卖（土地所有权）＋封建剥削（土地使用权）＝半封建

在土地所有权和使用权的对立中定义半封建的思路可能来自起草六大土地纲领的苏联专家，比如马札亚尔以及同样熟悉法权分析的米夫。[③]虽然半封建因此获得党史上空前绝后的独特定义，但却充满了问题。首先，土地所有权的自由买卖未必等于土地关系的资本主义化。其次，资本主义因素和封建因素的关系因为法权分析而呈现为简单且无机的静态描写，两种因素各自拥有一块互不干预且彼此平等的单纯领域。这样的静态描写不但无法表现六大预测的动态趋

---

①土地问题议决案（1928.7.9）//中共中央党史研究室与中央档案馆.中国共产党第六次全国代表大会档案文献选编：下卷［M］.北京：中共党史出版社，2015：867－876.

②土地问题议决案（1928.7.9）//中共中央党史研究室与中央档案馆.中国共产党第六次全国代表大会档案文献选编：下卷［M］.北京：中共党史出版社，2015：868.

③米夫的法权分析可参见：米夫.中国共产党第六次大会上的土地问题［J］.布尔塞维克，1929，2（7）：41－56.

势——资本主义不可能在土地革命之外获得发展——反而容易让人以为中国正如过去的西欧国家一样处于"从封建过渡到资本主义"（the transition from feudalism to capitalism）的正常发展轨道，从而在认识上架空理应突显的中国半殖民地地位。

"法权分析"的上述缺点并非孤立现象。实际上，六大后实际主持中共中央的李立三觉得资本主义仍然可能在土地革命之外获得发展，导致他屡次做出与六大路线相违的判断。首先，李立三认为中国的民主主义革命应该争取富农特别是具有资本主义性格的富农，并因此认为土地革命的阶级形势应该是包含富农的全体农民反对全体地主的斗争。① 因此李立三反对当时主张无条件打倒富农的蔡和森。② 然而李立三的观点很快在 1929 年夏季遭到了瞿秋白起草的《共产国际执行委员会与中国共产党书》（1929 年 6 月 7 日）的批评。瞿秋白认为富农实际上是民主革命必须反对的、不太运用雇佣劳动的"半地主"，因此他批评"某几个负指导责任的同志"（即李立三）"在解决农民问题的时候，还犯有严重的错误。"③ 而李立三也在接受批评之后做出以下检讨："中国的土地关系，在土地所有关系上，地主与农民的界限并不森严（即是说富有的农民很易变为地主），但在土地使用关系上，农民与地主阶级的对立却非常尖锐。……中国农民的上层分子（富农）一般地说不是纯粹的乡村资产阶级，而是兼有或多或少之半封建半地主的剥削。"④

除了富农，李立三还关注国民党政权能否推动中国资本主义的发展。当国民党内部爆发蒋介石和新桂系之间的战争（即蒋桂战争，1929 年 3 月至 6 月）时，李立三主导的《中央通告第三十三号——军阀战争的形势与我们党的任务》

---

① 李立三主持中共中央时反对无条件反对富农的文件，即中央通告第二十八号——农民运动的策略（一）（1929.2.3）//中央档案馆编. 中共中央文件选集（公开本）：第 5 册 [M]. 北京：中共中央党校出版社，1989：17 - 22.

② 李立三. 李立三自述（1940）//中共中央党史研究室第一研究部. 李立三百年诞辰纪念集 [M]. 北京：中共党史出版社，1999：259.

③ 共产国际执行委员会与中国共产党书（1929.6.7）//中央档案馆. 中共中央文件选集（公开本）：第 5 册 [M]. 北京：中共中央党校出版社，1989：688 - 699. 并收录于：瞿秋白. 共产国际执行委员会就农民问题给中国共产党中央委员会的信（1929.6.7）//瞿秋白文集. 政治理论编：第 6 卷 [M]. 北京：人民出版社，2013：352 - 364.

④ 中央关于接受共产国际对于农民问题之指示的决议（1929.8）//中央档案馆编. 中共中央文件选集（公开本）：第 5 册 [M]. 北京：中共中央党校出版社，1989：447、450.

（1929年3月15日）干脆把这场战争描绘成进步的"新兴的民族资产阶级"（蒋介石）和反动的"封建地主买办"（新桂系）争取领导权的斗争。[①] 瞿秋白知道《中央通告第三十三号》的观点源于李立三，便致信李立三提出批评："如果说，资产阶级派的军阀战胜了，就会打击封建势力、改良农民生活、实行关税自主等了，那么，这次蒋桂战争之中蒋如果胜了，那中国资产阶级的稳定和发展就开始了。——虽然你的立论及中央三十号通告[②]不至如此，然而简化之后，必然如此。"[③] 也就是说，瞿秋白认为蒋桂战争只是半封建军阀阵营的内斗，无关乎中国资本主义的发展。

已经变成托洛茨基派的陈独秀也批判李立三的判断，但理由不同。陈独秀在1929年写给中共中央的信中判定中国历史上已经存在资本主义因素，甚至认为1925—1927年的大革命彻底打开了中国资本主义的发展道路，国民党政权成为推动资本主义的主体。虽然陈独秀并不认为国民党政权能走基马尔道路，却认为国民党政权已经为中国资本主义打开了普鲁士或斯托雷平式的发展方向，也就是与封建因素相妥协的资本主义发展道路。由于陈独秀完全肯定国民党政权的资产阶级性质，因而判定蒋桂战争只是"资产阶级新政权之内部冲突。"[④]

三、从"半封建"到"封建"，再从"封建"到"畸形的资本主义"（1930）

连续遭到内外不同批评的李立三很快修正了自己的看法并在1930年3月发

[①] 中央通告第三十三号——军阀战争的形势与我们党的任务（1929. 3. 15）//中央档案馆. 中共中央文件选集（公开本）：第5册［M］. 北京：中共中央党校出版社，1989：57 - 58. 同样观点的文件还有：中央通告第三十号——目前政治形势的分析与党的主要路线（1929. 2. 8）//中央档案馆. 中共中央文件选集（公开本）：第5册［M］. 北京：中共中央党校出版社，1989：44 - 54.

[②] 中央通告第三十号——目前政治形势的分析与党的主要路线（1929. 2. 8）//中央档案馆. 中共中央文件选集（公开本）：第5册［M］. 北京：中共中央党校出版社，1989：44 - 54.

[③] 瞿秋白. 致李立三的信（1929. 4. 4）//瞿秋白文集. 政治理论编：第6卷［M］. 北京：人民出版社，2013：318.

[④] 陈独秀. 独秀同志关于中国革命问题致中共中央信//中国共产党中央政治局，等. 中国革命与机会主义［M］. 上海：民志书局，1929：90 - 96.

表的《中国革命的根本问题》中提出全新论述。[①] 李立三不再讨论富农能否代表资本主义发展的趋势，也不再探讨蒋介石政权能不能代表资产阶级的利益。他认为，在帝国主义和国内"封建势力"勾结的格局下，"中国终不能有资本主义的发展"；又由于"经济结构"的本质由"剥削方式"所决定，而"封建剥削"至今犹存，因此中国仍然处在封建社会阶段——尽管他补充声明"纯粹的封建制度"已在秦统一六国之后消失：

> 我们分析每个社会的经济结构的时候，首先要弄清楚这个时代的社会关系是建筑在哪一剥削形式——生产方法上，并且要把它的主要的条件与次要的条件分清楚；因此这个时期仍然是封建社会制度，绝不能称它为资本主义的社会制度。

> ……土地所有者从独立生产者——农民身上用超经济的方法，以榨取其剩余劳动。故凡此种剥削方式，就叫作封建剥削方式，维护此种剥削方式的制度，就叫作封建制度。"封建式的所有权……凭之以建立社会组织，其中对立的直接生产阶级，不是古代的奴隶，而是小农奴式的农民。"（马克思文汇卷一）这就是马克思对于封建制度的定义。极明显的，马克思对于封建剥削的说明是从它的剥削方式上立论，而不根据它的剥削的目的与剥削者的出身。

> 现在中国经济的结构主要的基础，完全适合于马克思对于封建剥削和封建制度的定义。[②]

六大以后的李立三先是致力于分析中国资本主义发展的各种可能性，在遭到国际批评之后，才又一百八十度转而强调封建因素在中国的顽强存在。这两种看似对立的观点其实都是半封建被定义为资本主义因素和封建因素的无机结合而合理产生的后果。不过，此时的李立三进一步放弃了"法权分析"定义的"半封建"概念。在《中国革命的根本问题》中，李立三不再认为土地的自由买卖具有资本主义性质，因为"中国土地的所有关系也不是纯粹资本主义形式的，

---

① 立三［李立三］. 中国革命的根本问题［J］. 布尔塞维克，1930，3（2-3）：37-83；立三［李立三］. 中国革命的根本问题：续［J］. 布尔塞维克，1930，3（4-5）：151-171.

② 立三［李立三］. 中国革命的根本问题［J］. 布尔塞维克，1930，3（2-3）：60-63.

还带有很深的封建的宗法社会的色彩"。为了强调中国经济的封建性，他甚至尽力回避半封建一语。综观整篇论文，半封建只出现了三次。因此，德里克把李立三这篇文章当成半封建概念获得确立的代表文献并不正确。① 不如说，这篇文章实乃判定近代中国仍是封建社会的"封建论"。

《中国革命的根本问题》发表后没多久，同年 6 月便迎来著名的"立三路线"时期。李立三认为新的革命高潮已经来临，有可能取得一省乃至数省的胜利。为了配合上述计划，李立三企图以全国红军之力大规模地攻打中心城市，并取消党、青年团、工会之间的分野，悉数合并为各级行动委员会。7 月 16 日，中共中央总书记向忠发命令武汉、南京举行暴动，上海发动总罢工。7 月 27 日，中共红三军团攻占湖南省省会长沙，却旋于 8 月 6 日撤退，计划中的暴动也全告流产。9 月中共六届三中全会召开之后，李立三离开了领导岗位。

李立三的"封建论"影响了同时进行的中国社会性质论战特别是"新思潮派"。"新思潮派"得名于 1929 年 11 月 15 日创刊的《新思潮》杂志。这是中共在上海秘密发行的理论刊物，可以说是中共理论战线的前卫。《新思潮》的发行经历了几个阶段：第一个阶段是批判主办《新生命》杂志的陶希圣，从创刊号到第 4 期未曾断绝批评；第二个阶段则是试图扩大批判面并挑起论战，而这个阶段则可以 1930 年 2 月 28 日发行的第 4 期为开端。因为这期特别登出了征稿启事："中国是资本主义的经济，还是封建制度的经济？"由于李立三在 3 月正式发表其"封建论"，因此《新思潮》以"封建制度的经济"（而非"半封建制度的经济"）提出的征稿题目显然与"封建论"存在一定联系。——虽然后来有些论者都批评这个题目只是形式逻辑的提问、非此即彼，② 但恰恰是这样的形式逻辑说明了"封建论"正是"新思潮派"在李立三时期的论证目标。

"新思潮派"的理论进攻在 1930 年 4 月发行的《新思潮》杂志第 5 期——"中国经济研究专号"——正式展开。当时的论者曾以"集了他们底理论的大

---

① 阿里夫，德里克. 革命与历史 [M]. 翁贺凯，译. 南京：江苏人民出版社，2005：61.
② 可参见：严灵峰. 中国是资本主义的经济，还是封建制度的经济？[J]. 新台湾大众时报，1931，2（第 3 号）：28 - 31；严灵峰. 中国是资本主义的经济，还是封建制度的经济？[J]. 新台湾大众时报，1931，2（第 4 号）：48 - 64.

成"评价第5期的《新思潮》。① 虽然一般关于中国社会性质论战的起讫时间未有定论，但《新思潮》第5期所组织起来的理论攻势无疑是论战进入激化阶段的关键事件。

王学文在《新思潮》第5期发表的《中国资本主义在中国经济中的地位其发展及其前途》是这期的代表性论文。他指出，"中国主要经济形态是一个封建的半封建的经济"。② 何干之（1906—1969）对此评价说："虽然这不是极严谨的定义，但中国社会性质的特点，在此可说已具有一个雏形。所谓帝国主义支配下的半殖民地半封建社会的定义，在此已有了一个雏形。"③ 为何何干之认为王学文的观点只是"雏形"？显然何干之意识到王学文的论点存在问题，而这个问题就是何干之没有点名批评的李立三"封建论"。

王明（1904—1974）的一段话可以证明此时的李立三与王学文共享着相近的理论观点。他说，李立三"在1930年7月间的中央工作人员政治讨论会上，公开地拥护'中国经济主要的只是封建经济和半封建经济'的理论"。④ 显然李立三拥护的正是王学文和他自己共享的观点。也就是说，他们的论点存在着明显的互文关系。除此之外，具有托派色彩的国民党理论家郑学稼（1906—1987）也指出"新思潮派"与李立三"封建论"之间的关系："'新思潮派'对中国社会性质的观点，不是如何干之所说，开始就是'半殖民地半封建社会'，而是'半殖民地封建社会'。要到李立三路线垮台，才改为'半殖民半封建社会'。"⑤

尽管郑学稼敏锐地认识到"新思潮派"的论述方向及其转变和李立三"封建论"的开始和结束有关，但郑学稼所注目的半殖民地半封建社会论并没有在立三路线结束之后确立起来。事实上，当时取代李立三而起的王明为了批判过度无视资本主义因素的"封建论"，反而把自己的论述拉到了过度强调资本主义因素的另一端：

---

① 王宜昌. 中国社会史论史 [J]. 读书杂志, 1932, 2（第2-3期）：22-23.
② 王昂［王学文］. 中国资本主义在中国经济中的地位其发展及其前途 [J]. 新思潮, 1930（5）：17.
③ 何干之. 中国社会性质问题论战 [M]. 上海：生活书店, 1937：62.
④ 王明. 为中共更加布尔塞维克化而斗争（1930秋冬）// 王明言论选辑 [M]. 北京：人民出版社, 1982：128-129.
⑤ 郑学稼. 社会史论战简史 [M]. 台北：黎明文化事业股份有限公司, 1978：136.

立三同志对中国经济性质问题的认识，完全代表着对殖民地半殖民地经济认识的另一种有害而且危险的观点，即是根本否认殖民地半殖民地有相当的畸形的资本主义发展的事实。他在 1930 年 7 月间的中央工作人员政治讨论会上，公开地拥护"中国经济主要的只是封建经济和半封建经济"的理论，他不了解他这一经济分析的危险是否认了帝国主义侵入中国的事实，否认了中国资产阶级与无产阶级的存在，否认了乡村中阶级分化（农民分化为富农、中农、贫农和雇农）的过程……

李立三同志等所讲的中国是"封建经济"或"半封建经济"，与斯大林同志共产国际所讲的根本不同。第一，李立三等不了解中国经济系统的复杂性，简单地笼统地以"封建经济"或"半封建经济"等名词来说明中国经济性质，无论在理论上还是实际上都是错误的。第二，李立三同志等在所谓中国是"封建经济"或"半封建经济"这种笼统定义之下，实际上走到根本完全否认中国资本主义关系畸形发展的事实……①

仔细分析王明著名的《为中共更加布尔塞维克化而斗争》（写于 1930 年秋冬）全文，会发现"封建"出现 43 次，其中 8 次是"半封建"。但这 8 次的"半封建"又有 7 次是王明的抨击对象。显然，王明这样的理论倾向不可能为郑学稼所说的"半殖民半封建社会"论提供发展的有益资源。

虽然王明对"封建论"的批判有一定理由，但因王明过度强调资本主义因素在中国的存在（即其所谓"中国资本主义关系畸形发展的事实"），于是又走到另一个极端。《关于若干历史问题的决议》称王明"夸大资本主义在中国经济中的比重，夸大中国现阶段革命中反资产阶级斗争、反富农斗争和所谓'社会主义革命成分'的意义，否认中间营垒和第三派的存在"。——这样的评价，大致可由王明自己的言论所印证。

---

① 王明. 为中共更加布尔塞维克化而斗争（1930 秋冬）∥王明言论选辑［M］. 北京：人民出版社，1982：128－129，198.

四、 结论

1927—1930 年间依据法权分析而定义的半封建概念和相关论争构成了 20 世纪中国社会性质讨论的法权分析阶段。这样的尝试不但试图为土地革命所关注的"地主 – 农民"矛盾提供理论支持，也试图取代此前没能成功说明中国"地主 – 农民"矛盾的亚细亚生产方式论。但由于法权分析定义的半封建概念不能说明资本主义因素和封建因素在半殖民地条件下的有机联系，导致李立三先是过度重视资本主义因素在中国的存在，然后又矫枉过正强调封建因素在中国的顽存并干脆推出一个近乎全面否定资本主义因素的"封建论"。尽管"封建论"旋即被后起的王明批判，但王明又因此走到了过度重视资本主义因素的另一端。

实际上，只要资本主义因素和封建因素间的关系被抽象地当成某种"结构"来把握，两种因素在半殖民地条件下的有机联系就必然因为"结构"所需的静态书写而被割裂，从而不可能得到动态的说明。就此而言，毛泽东的《中国革命与中国共产党》（1939）有效克服了这些缺点并获明显突破。这篇从周秦封建社会讲到帝国主义入侵近代中国的论文不但赋予半殖民地半封建社会以结构性的静态书写，也提供了长时段的历史动态叙述。半封建概念从而被毛泽东成功地重新勾勒为半殖民地条件下遭到外国资本主义因素扭曲而畸形化的封建结构。也就是说，半封建并不以半资本主义为自身的另一半，因为外国资本主义因素既阻碍明清资本主义萌芽和民族资本的发展道路，也不会让中国资本主义化。畸形化的封建结构仍然是中国社会性质的本质，但资本主义因素不是。毛泽东的分析不但克服了法权分析平等看待两种因素的弱点，也纠正了李立三和王明的上述偏见。

更重要的是，《中国革命与中国共产党》的历史叙述还包含了毛泽东对近代中国革命运动的反思与检讨。革命经验的积累让《中国革命与中国共产党》的历史叙述产生了强烈的肯定感，进而使毛泽东能对两种因素间的有机联系提出了有说服力的陈述。因此，半殖民地半封建社会论显然必须先是历史论才可能是结构论；两种因素在半殖民地条件下的有机联系只能通过有结构书写的历史叙述才可能真正表达出来。

虽然以法权分析定义半封建的取径只存在很短时间，却刚好体现"近代中国"的自我认识和自我批判在 1927—1930 年的时间段里仍然处于起步阶段。也就是说，这早夭的半封建定义恰恰是中国革命在 1927—1930 年间所处"这个社会阶段的结果"，并且是同这种"在其中产生而且只能在其中产生的那些未成熟的社会条件永远不能复返这一点分不开的。"①

（作者单位：厦门大学人文学院）

---

① 马克思.《政治经济学批判》导言（1857. 8）//马克思恩格斯全集：第 30 卷［M］. 中共中央马克思恩格斯列宁斯大林著作编译局，译. 北京：人民出版社，1995：53.

近年来学界有关马克思"重新建立个人所有制"的理论争论及评析

何召鹏

摘要：马克思在《资本论》第一卷中提出要"重新建立个人所有制"。围绕这一问题，学术界长期存在不同观点的争论。本文主要围绕对"重新建立个人所有制"的不同解读，系统梳理了近年来的争论焦点，包括：消费资料所有制论、生产资料所有制论、人人皆有的私有制论、劳动总产品所有制论等，并且列出每一派观点的论据，以及不同观点之间的理论交锋。笔者认为，按照马克思的原意，"重新建立个人所有制"应当指"建立在生产资料公有制基础上的劳动者的个人所有制，即生产资料社会的个人所有制"。现阶段，准确解读"重新建立个人所有制"具有重要的理论和实际意义。

关键词：重新建立；个人所有制；生产资料所有制；消费资料所有制；否定之否定

基金项目：本文受到"中央高校基本科研业务专项资金"和"中央财经大学科研创新团队支持计划"的资助。

马克思在《资本论》第一卷第二十四章阐述资本主义积累的历史趋势时指出："从资本主义生产方式产生的资本主义占有方式，从而资本主义的私有制，是对个人的、以自己劳动为基础的私有制的第一个否定。但资本主义生产由于自然过程的必然性，造成了对自身的否定。这是否定之否定。这种否定不是重新建立私有制，而是在资本主义时代的成就的基础上，也就是说，在协作和对土地及靠劳动本身生产的生产资料的共同占有的基础上，重新建立个人所有制。"①

多年来，学术界围绕马克思"重新建立个人所有制"提出了多种不同解读，始终未达成共识。这一问题被称为马克思主义政治经济学中的"哥德巴赫猜想"，甚至有观点认为以现阶段有限的历史经验，还无法完全理解马克思对未来社会的设想。笔者认为，应当从马克思的相关著作及其思想的整体性中，把握"重新建立个人所有制"的本意，并运用该理论指导中国特色社会主义的经济建设，发展中国特色社会主义的所有制理论。为此，有必要尽可能系统地梳理近年来有关"重新建立个人所有制"的不同解读，及其相互之间的理论交锋，并结合马克思有关"个人所有制"问题的论述，准确地把握"重新建立个人所有制"的理论内涵。

上面提到的马克思有关"重新建立个人所有制"的论述有几个不同的版本，本文将其罗列出来，方便大家比较和参考。"重新建立个人所有制"问题在1867年出版的《资本论》德文第一版中是这样讲的："资本主义生产方式和占有方式，从而资本私有制是对个人的、以自己劳动为基础的私有制的第一个否定。对资本主义生产的否定，是它自己由于自然过程的必然性而造成的。这是否定的否定。这种否定重新建立个人所有制，然而是在资本主义时代成就的基础上，在自由劳动者的协作的基础上和他们对土地及靠劳动本身生产的生产资料的公有制上来重新建立。"② 在1983年出版的《资本论》第一卷法文版关于"重新建立个人所有制"问题是这样写的："同资本主义生产方式相适应的资本主义占有，是这种仅仅作为独立的个体劳动的必然结果的私有制的第一个否定。但是，资本主义生产本身由于自然变化的必然性，造成了对自身的否定。这是否定的否定。这种否定不是重新建立劳动者的私有制，而是在资本主义时代成就的基

---

① 马克思，恩格斯. 马克思恩格斯文集：第5卷［M］. 北京：人民出版社，2009：874.
② 马克思. 资本论（德文第一版中译本）［M］. 北京：经济科学出版社，1987：731.

础上，在协作和共同占有包括土地在内的一切生产资料的基础上，重新建立劳动者的个人所有制。"①

一、 现有的解读 "重新建立个人所有制" 的主要观点

（一）主张"重新建立消费资料的个人所有制"的观点及其依据

持该观点的学者认为，"重新建立的个人所有制"是在公有制的基础上重新建立消费资料的个人所有制。该观点是改革开放之前我国学术界的主流观点。其主要依据如下。

1. 恩格斯在《反杜林论》中指出："靠剥夺剥夺者而建立起来的状态，被称为重新建立个人所有制，然而是在土地和靠劳动本身生产的生产资料的社会所有制的基础上重新建立。对任何一个懂德语的人来说，这就是说，社会所有制涉及土地和其他生产资料，个人所有制涉及产品，也就是涉及消费品。"② 这是该派观点的主要论据。

2. 恩格斯在《反杜林论》的序言中曾说："我的这种阐述不可能在他不了解的情况下进行，这在我们相互之间是不言而喻的。在付印之前，我曾把全部原稿念给他听，而且经济学那一编的第十章（《〈批判史〉论述》）就是马克思写的。"③ 另外，恩格斯在《反杜林论》中的解释，在《社会主义从空想到科学的发展》中也出现过，马克思认为《社会主义从空想到科学的发展》"是科学社会主义的入门"。所以，恩格斯在《反杜林论》中对"个人所有制"的解释是马克思本人所认同的。

3. 马克思在《哥达纲领批判》中描述未来社会情况时指出，"在改变了的情况下，除了自己的劳动，谁都不能提供其他任何东西，另一方面，除了个人

---

① 马克思. 资本论（第一卷法文版中译本）[M]. 北京：中国社会科学出版社，1983：826.
② 马克思，恩格斯. 马克思恩格斯全集：第26卷 [M]. 北京：人民出版社，2014：138.
③ 马克思，恩格斯. 马克思恩格斯全集：第26卷 [M]. 北京：人民出版社，2014：11.

的消费资料，没有任何东西可以转为个人的财产"。① 据此，重新建立的个人所有制，只可能是消费资料的个人所有制。

4. 有学者指出，在马克思的论述中，"所有制"是个多义词。"所有制"与"财产""所有权"经常通用。恩格斯在《反杜林论》中对"重建个人所有制"的解释，是从"财产关系""财产所有权"的层面上讲的，即生产资料的所有权属于社会，消费资料的所有权属于个人。目的是为了更容易理解。

5. 学者们还指出，列宁在《什么是〈人民之友〉以及他们如何攻击社会民主党人》一文中批评米海洛夫斯基时，也引证恩格斯的解释，认为"重新建立的个人所有制"是指消费资料的个人所有制。②

（二）主张"重新建立生产资料的个人所有制"的观点及其依据

持该观点的学者认为，"重新建立的个人所有制"是在公有制基础上重新建立生产资料的个人所有制。公有制是从整体上着眼的，而联合起来的个人所有制是从构成整体的各个个体来看的，因而公有制和社会的个人所有制是社会主义所有制硬币的两面，其正面是公有制，背面是社会的个人所有制。③ 并且，马克思著作中关于"个人所有制"的论述都是指生产资料所有制，并未提过消费资料的个人所有制。其主要依据如下。

1. 马克思在《共产党宣言》中指出：消灭私有制，将"全部生产集中在联合起来的个人手里"。④ 在《德意志意识形态》中指出"随着联合起来的个人对全部生产力的占有，私有制也就终结了"。⑤ "共产主义和所有过去的运动不同的地方在于：它推翻一切旧的生产关系和交往关系的基础，并且第一次自觉地把一切自发形成的前提看作是前人的创造，消除这些前提的自发性，使这些前提受联合起来的个人的支配。"⑥ 可以看出，马克思在以上著作中强调，消灭生产

① 马克思，恩格斯. 马克思恩格斯文集：第3卷［M］. 北京：人民出版社，2009：434.

② 列宁. 列宁选集：第3卷［M］. 北京：人民出版社，2012.

③ 卫兴华. "重建个人所有制"的讨论应持科学态度和求实学风［J］. 经济纵横，2010，6.

④ 马克思，恩格斯. 马克思恩格斯选集：第1卷［M］. 北京：人民出版社，2012：422.

⑤ 马克思，恩格斯. 马克思恩格斯选集：第1卷［M］. 北京：人民出版社，2012：210.

⑥ 马克思，恩格斯. 马克思恩格斯文集：第1卷［M］. 北京：人民出版社，2009：574.

资料私有制，将生产资料集中在联合起来的个人手中，实行生产资料的公有制。这里所讲的个人，不是孤立的、单个的个人，而是联合起来的个人。在公有制基础上重建的生产资料所有制，是生产资料的公有和个人所有的统一。

2. 马克思在《1861—1863 经济学手稿》中更加明确地论述了个人所有制问题。他指出："只有通过他（指资本家——引者）的所有制改造为非孤立的单个人的所有制，也就是改造为联合起来的社会的个人的所有制，才可能被消灭。"① 这段话中将个人所有制分为"孤立的单个人的个人所有制"和"联合起来的社会的个人的所有制"。这两者都是指生产资料的个人所有制。取代资本主义生产资料所有制的是"联合起来的社会的个人的所有制"。

3. 马克思在《法兰西内战》关于巴黎公社的论述中提出，"把现在主要用作奴役和剥削劳动的手段的生产资料，即土地和资本完全变成自由的和联合的劳动的工具，从而使个人所有制成为现实"。② 这里讲的联合起来的个人所有制，是指"生产资料、土地和资本"的个人所有制。

4. 马克思在"重新建立个人所有制"这段话的后面紧接着讲："以个人自己劳动为基础的分散的私有制转化为资本主义私有制，同事实上已经以社会的生产经营为基础的资本主义所有制转化为社会主义所有制比较起来，自然是一个长久得多、艰苦得多、困难得多的过程。前者是少数掠夺者剥夺人民群众，后者是人民群众剥夺少数掠夺者。"③ 这里所讲的都是生产资料所有制的转化，不是消费资料的所有制。资本主义所有制转化为社会主义所有制，即资本主义私有制转化为社会主义公有制。

（三）其他有关"重新建立个人所有制"的观点及其依据

1. 主张"重新建立人人皆有的私有制"的观点及其依据

持该观点的学者认为，"重新建立的个人所有制"是指重建"生产资料人人皆有的私有制"。他们指出，生产资料私有制有两种类型，一种是"一部分人所

---

① 马克思，恩格斯. 马克思恩格斯选集：第 2 卷 [M]. 北京：人民出版社，2012：843.
② 马克思，恩格斯. 马克思恩格斯选集：第 3 卷 [M]. 北京：人民出版社，2012：102 – 103.
③ 马克思，恩格斯. 马克思恩格斯文集：第 5 卷 [M]. 北京：人民出版社，2009：874 – 875.

有的私有制",另一种是"人人皆有的私有制"。第一种情况中,生产资料只能被社会上的一部分人所有,是马克思所批判的私有制;而第二种情况中,生产资料归每个个人私有,不存在有些社会成员有生产资料而有些社会成员没有的现象。这是未来要取代资本主义所有制的个人所有制。持该观点的学者的主要依据是马、恩在《共产党宣言》中关于共产主义的论述,他们指出,"共产主义并不剥夺任何人占有社会产品的权力,它只剥夺利用这种占有去奴役他人劳动的权力"①。因此,一旦建立了"人人皆有的私有制",就不存在剥夺和奴役他人的情况了。

如何才能建立"人人皆有的私有制"呢?有学者指出,要先把资本家的大公司、大工厂收归国有,然后通过股份公司发股票的形式,将其回归人民,从而达到"重建个人所有制"的目的。这样作为社会主义所有制形式的个人所有制"是一种以个人私有制为基础的均富状态"。②

2. 主张"重新建立劳动总产品的个人所有制"的观点及其依据

持该观点的学者认为,"重新建立个人所有制"并不只是要"重新建立消费资料"的个人所有制,也不只是要"重新建立生产资料"的个人所有制,而是要"重新建立劳动总产品的个人所有制",即联合起来的劳动者个人拥有对劳动总产品的所有权、拥有对再生产各环节和总过程的支配权。他们的依据如下。

马克思指出"在无产者的占有制下,许多生产工具必定归属于每一个个人,而财产则归属于全体个人"③。个人能够拥有劳动总产品,前提是他已经拥有了生产资料,否则他必定得不到劳动总产品而只能得到部分劳动产品。因此,劳动总产品既包含了生产资料又包含了消费资料。④

关于马克思"重新建立个人所有制"的解读还包括:重建"劳动力个人所有制"、重建"劳动者的个人财产权"等,限于篇幅的原因,本文主要综述上述

---

① 马克思,恩格斯. 马克思恩格斯文集:第 2 卷 [M]. 北京:人民出版社,2009:47.
② 谢韬,辛子陵. 试解马克思重建个人所有制的理论与中国改革 [J]. 炎黄春秋,2007 (6):2 - 5.
③ 马克思,恩格斯. 马克思恩格斯文集:第 1 卷 [M]. 北京:人民出版社,2009:581.
④ 苏伟. 从"劳动总产品"角度看"重建个人所有制"的本义——纪念《资本论》第一卷发表 150 周年 [J]. 马克思主义研究,2017 (12):50 - 62.

主流观点。

二、 有关 "重新建立个人所有制" 不同观点之间的争论

（一） 不赞同把"重新建立个人所有制"理解成"重新建立消费资料个人所有制"的观点及其论据

持该观点的学者认为，这种解读不符合马克思的本意，主要论据有以下几个方面。

1. 生产资料所有制是生产关系的基础，马、恩著作中一贯重视所有制问题，并且一般都是指生产资料所有制。马克思在"重新建立个人所有制"的论述中指出，要否定资本主义所有制，建立劳动者个人所有制。这其中的资本主义所有制是指资本主义生产资料私有制。未来社会在公有制的基础上建立起来的是生产资料社会的个人所有制。消费资料所有制只是派生的。消费资料所有制并不决定生产关系的性质和所有制的变革，如果解读成消费资料个人所有制，是讲不通的。

2. 根据否定之否定规律的内在要求，"否定之否定"以什么主题开始，就应以相同的主题结束。根据马克思的论述，资本主义的生产资料所有制否定了小商品生产者的生产资料所有制，起点是生产资料所有制。那么"否定之否定"后，取代资本主义生产资料所有制，重新建立未来社会的个人所有制也必然是作为生产资料公有制组成部分的个人所有制。[①] 不能用未来社会消费资料的个人所有制去否定资本主义生产资料所有制，而且人类历史上不存在用消费品所有制取代生产资料所有制的情况，这两者是完全不对称的，也不是同一层次的概念。[②]

---

① 林岗. 分工的消灭和马克思恩格斯关于共产主义所有制的科学假设 [J]. 哲学研究，1985（10）：3 - 9.

② 卫兴华. 对错解曲解马克思"重建个人所有制"理论的辨析——评杜林对马克思的攻击和谢韬、辛子陵及王成稼的乱解错解 [J]. 河北经贸大学学报，2014（3）：24 - 31.

3. 从人类发展历史来看，不论是奴隶社会、封建社会还是资本主义社会，消费资料始终是由劳动者个人所有的。未来社会也必然存在消费资料的劳动者个人所有。因此，不存在重新建立的问题。而且，消费资料个人所有制并不能够反映生产方式的性质，社会变革无须考虑建立消费资料所有制的问题。[①]

4. 虽然恩格斯对马克思观点的解读最具权威性，但并不一定绝对准确。如果仅仅从恩格斯反驳杜林对马克思重新建立个人所有制的攻击来说（杜林认为马克思所讲的在公有制基础上"重新建立个人所有制"是"混沌的杂种"），是有一定道理的。因为未来社会确实存在生产资料公共占有、消费资料归个人所有的情况。生产资料是社会的，消费资料是个人的。这样解释更容易理解。但这只是从分配层面的理解，不能混淆分配所得（生活资料的最后占有）和产品占有（由生产资料占有决定的产品占有）两个层面的不同含义。[②] 从深层次来看，仅仅从分配层面理解"重新建立个人所有制"并不能够完全反映马克思"重建生产资料社会的个人所有制"的本意。因此，对"重新建立个人所有制"问题的解读应当建立在马克思自己的论述基础上。

（二）不赞同把"重新建立个人所有制"理解成"重新建立生产资料个人所有制"的观点及其论据

1. 针对"马克思一贯重视生产资料所有制的变革，消费资料所有制只是派生的。重新建立个人所有制不可能仅仅是消费资料所有制"的观点，有学者指出，马、恩在论述人类社会发展历史时确实始终强调生产资料所有制的基础性作用，在"否定之否定"的论述中，马克思也明确指出，否定资本主义所有制的是劳动者共同占有生产资料的公有制。但是，完成了否定之否定之后，在生产资料公有制基础上，重新建立的是消费资料个人所有制。"这里谈到的所有制实际上包含了两个层次：前一个是归属于全体劳动人民的生产资料公有制，是新建立的生产关系的基础，是否定之否定的主题；后一个是在生产资料公有制

[①] 胡世祯. 《资本论》研读：上卷 [M]. 广州：暨南大学出版社，2012：377－378.

[②] 罗郁聪，王瑞芳. "重新建立个人所有制"辨 [J]. 中国经济问题，1983（S1）：19－24.

近年来学界有关马克思"重新建立个人所有制"的理论争论及评析

的'基础上'形成的'个人所有制',是从属于生产资料所有制这个主题,由主题派生出来的。这两种所有制的主体、客体及其在生产关系中的地位是不相同的,不可能都是生产资料所有制"……"这样理解,既可消除'在生产资料公有制基础上建立生产资料个人所有制'的逻辑矛盾,也可回答为什么马克思讲生产资料公有制的同时还要提出个人对生活资料的所有"。①

2. 针对"资本主义制度下存在劳动者的消费资料个人所有制,未来社会不必重新建立消费资料个人所有制"的观点,有学者指出,"在不同的社会里,人们占有消费品的相对数是不同的。如在小生产私有制条件下,劳动者能够完全地占有自己的劳动;在资本主义私有制条件下,劳动者所能够占有自己的劳动一定是不完全的;而在社会主义条件下,劳动者又能够完全地占有自己的劳动。因此消费资料个人所有制需要重建。这里所说的消费资料个人所有制指的是人们能够完全占有自己的劳动,即指不存在剥削的情况"。②

3. 有学者指出,根据"否定之否定"的内在要求,否定资本主义所有制的是社会主义公有制,而不是"生产资料的劳动者个人所有制",生产资料成为劳动者个人所有就是私有制,而且与之前提到的"在公有制的基础上建立个人所有制"存在逻辑矛盾,不可能存在公有制基础上的私有制。针对"重建的个人所有制是生产资料社会所有和个人所有的对立统一"的观点,有学者提出:"只讲生产资料的公共占有就足够说明所有制的性质了,何必再说在公共占有的'基础上'建立个人所有制呢?"如果说"个人所有制"指生产资料所有制,它本身就是社会生产关系的基础了,何必为它再规定一个生产资料公有制的"基础"呢?实际上,这两者是互不相同的范畴,前者是后者建立的基础,后者是在前者的"基础上"建立的,它们是不同层次的经济关系,而不是同一个概念的不同着眼点或观察点。③

① 吴宣恭. 对马克思"重建个人所有制"的再理解 [J]. 马克思主义研究, 2015 (2): 97 – 108.
② 高冠中. 正确理解"重新建立个人所有制"的含义及其现实意义——纪念《资本论》第一卷出版一百五十周年 [J]. 当代经济研究, 2017 (11): 42 – 47.
③ 吴宣恭. 对马克思"重建个人所有制"的再理解 [J]. 马克思主义研究, 2015 (2): 97 – 108.

（三）不赞同把"重新建立个人所有制"理解成"重新建立生产资料人人皆有的私有制"的观点及其论据

持该观点的学者认为，这种观点同马克思的思想完全背道而驰。

1. "人人皆有的私有制"在人类社会上并没有作为独立的所有制形态存在过。这种"人人皆有的私有制"一经建立，必然演变成"一部分人的私有制"，不可能长期存在。①

2. 马克思在"重新建立个人所有制"中所说的"个人"是指"联合起来的个人"，而不是孤立的、分割的、单个的个人。"人人皆有的私有制"的解读，把"个人"看成了单个的个人，这与马克思的原意是相悖的。

3. 马克思在《资本论》第一卷法文版中明确指出："这种否定不是重新建立劳动者的私有制，而是在资本主义时代成就的基础上，在协作和共同占有包括土地在内的一切生产资料的基础上，重新建立劳动者的个人所有制。"这里排除了重建私有制的情况。

针对认为"可以通过股份制实现重建个人所有制"的观点，有学者指出，在重建个人所有制的未来社会，不存在商品货币关系，当然也就不存在股份制了。而且，股份制是所有制的实现形式，并不决定所有制的性质。不能将两者混为一谈。西方资本主义国家的股份公司比我国发展得更加充分，但这并不能改变其资本主义性质。

（四）对"否定之否定"的不同解读

准确把握"否定之否定"的内涵，对于理解马克思"重新建立个人所有制"的本意非常重要，近年来，学界试图从"否定之否定"的视角解决"重新建立个人所有制"的难题，拓展了解读的范围。

1. 有学者不赞同主流观点关于"否定之否定"的解读，指出，在否定之否定规律中作为主体的应当是生产资料与劳动者这组矛盾关系，既不是生产资料，也不是消费资料。在资本主义私有制否定小商品生产者所有制的过程中，劳动

---

① 张兴茂. 关于"重新建立个人所有制"的理论思考［J］. 河南大学学报：社会科学版，1995（2）：7–11.

者与生产资料出现分离，又经过否定之否定，二者重新结合在一起，但是不同于第一次否定之前的状态，不再是以直接的方式结合，而是通过社会所有这一新的形式结合起来。重新建立的个人所有制，并不是对生产资料公有制的同义反复，也不是对"生产资料社会所有"在任何意义上的否定，更不是对"资本主义私有制度"的恢复。①

2. 有学者把"否定之否定"解读成劳动者个人对劳动总产品的"所有"——"所无"——"再所有"的历史进程。其中"劳动总产品"作为"所有制"的客体，整个"否定之否定"过程都是在论述劳动者与劳动总产品的关系。在小商品生产者私有制阶段，劳动者拥有其创造的劳动总产品；在资本主义所有制阶段，劳动者不能占有其创造的劳动总产品，而在未来社会，在生产资料公有制的基础上，劳动者重新占有了创造的劳动总产品。建立在这一"否定之否定"的解读基础上，"重新建立的个人所有制"可以理解为"劳动总产品"的个人所有制。②

3. 有学者把"否定之否定"解读成"无剥削—有剥削—无剥削"三个阶段认为马克思在论述"否定之否定"时，并不是指社会制度（生产资料所有制）的"否定之否定"，而是指社会进程中剥削关系的"否定之否定"。马克思在《资本论》第一卷讲道："政治经济学在原则上把两种极不相同的私有制混同起来了。其中一种以生产者自己的劳动为基础，另一种以剥削他人的劳动为基础。它忘记了，后者不仅与前者直接对立，而且只是在前者的坟墓上成长起来的。"③资本主义私有制与小商品生产私有制的根本区别是：资本主义私有制以剥削别人的劳动为基础，小生产私有制以生产者自己的劳动为基础。第一个否定是指资本主义私有制下用剥削别人的劳动否定了小生产私有制下生产者占有自己的劳动，资本主义私有制下用"剥削"否定小生产私有制下的"无剥削"。而否定资本主义私有制的是建立在生产资料公有制基础上的劳动者个人所有制，是不

---

① 马嘉鸿. 如何理解《资本论》"重建个人所有制"问题［J］. 哲学研究，2017（5）：19-25.

② 苏伟. 从"劳动总产品"角度看"重建个人所有制"的本义——纪念《资本论》第一卷发表150周年［J］. 马克思主义研究，2017（12）：50-62.

③ 马克思，恩格斯. 马克思恩格斯文集：第5卷［M］. 北京：人民出版社，2009：876.

存在剥削的社会制度，并且是与最初的小商品生产者的个人所有制存在区别的个人所有制。①

三、 准确把握马克思 "重新建立个人所有制" 的本意

马克思在《资本论》第一卷第二十四章第七节《资本主义积累的历史趋势》中指出："资本主义的私有制，是对个人的、以自己劳动为基础的私有制的第一个否定。但资本主义生产由于自然过程的必然性，造成了对自身的否定。这是否定的否定。这种否定不是重新建立私有制，而是在资本主义时代的成就的基础上，重新建立个人所有制。"② 这是马克思在《资本论》中对"重建个人所有制"观点的直接论述，也是准确把握"重建个人所有制"本意的关键。

（一）"重新建立个人所有制" 是指重新建立与生产资料公有制相统一的个人所有制

马克思提到"否定之否定"和"重新建立"两个概念。"否定之否定"是指三种生产资料所有制的否定之否定关系，即"资本主义私有制，是对个人的、以自己劳动为基础的私有制的第一个否定"，这表示资本主义私有制否定了个体劳动者的私有制；随后，社会主义公有制又否定了资本主义私有制。这是三种所有制的"否定的否定"，而且三种所有制都是指生产资料所有制，如果将"重建个人所有制"的内涵理解为重建消费资料所有制是说不通的，生产资料和消费资料不是同一个层次的问题。另外，众所周知，马克思在分析经济制度时都是将生产资料所有制看作最根本最基础的经济制度，在此处分析社会形态变迁的过程中，也应当是强调生产资料所有制的变迁。消费资料所有制并不是起决定作用的制度，消费资料所有权的分配是由生产资料所有制从根本上决定的。

---

① 高冠中. 正确理解"重新建立个人所有制"的含义及其现实意义——纪念《资本论》第一卷出版一百五十周年 [J]. 当代经济研究, 2017（11）：42－47.

② 马克思, 恩格斯. 马克思恩格斯文集：第 5 卷 [M]. 北京：人民出版社, 2009：874.

有些学者把"否定之否定"的主题解释为:"生产资料与劳动者的关系""劳动者个人对劳动总产品的占有关系"或"有无剥削"等,虽然这些关系都能够在一定程度上反映个人所有制的性质,但是它们都是由生产资料所有制的性质根本决定的。

很多坚持"重建消费资料所有制"的学者引用马克思在《资本论》第一卷中论述未来社会自由人联合体的一段话作为佐证材料:"设想有一个自由人联合体,他们用公共的生产资料进行劳动,并且自觉地把他们许多个人劳动力当作一个社会劳动力来使用。在那里,鲁滨孙的劳动的一切规定又重演了,不过不是在个人身上,而是在社会范围内重演。鲁滨孙的一切产品只是他个人的产品,因而直接是他的使用物品。这个联合体的总产品是一个社会产品。这个产品的一部分重新用作生产资料。这一部分依旧是社会的。而另一部分则作为生活资料由联合体成员消费。因此,这一部分要在他们之间进行分配。这种分配的方式会随着社会生产有机体本身的特殊方式和生产者的相应的历史发展程度而改变。"① 但是从这段论述中可以明确地看出,马克思是在讲未来社会总产品的分配问题,并不是为了论述所有制问题。马克思只在分配层面上提出消费资料所有权的配置问题,但一旦涉及社会制度的性质和根本变革,他始终强调的是生产资料所有制。把马克思对消费资料分配问题的论述,理解为"重建个人所有制"的问题,是当前不少学者错解"重建个人所有制"问题的主要原因。

另外,"重新建立"个人所有制意味着应当推翻现有的所有制形式,建立新的个人所有制。如果将个人所有制的内涵理解成消费资料的个人所有制,就不存在"重新建立"的问题。因为,在资本主义经济中,无论资本家还是工人,都存在消费品的个人所有,因而不存在社会主义要"重新建立"被否定了消费品的个人所有制问题。在一切社会都存在消费资料归个人所有的情况,马克思明确指出,各个私有制社会的"劳动者只是生活资料的所有者,生活资料表现为劳动主体的自然条件,而无论是土地,还是工具,甚至劳动本身,都不归自

---

① 马克思,恩格斯. 马克思恩格斯文集:第5卷[M]. 北京:人民出版社,2009:96.

己所有"。① 各个社会都存在消费品归个人所有的事实，同个人消费怎么获得，消费品的结构如何是完全不同的问题。生产决定分配和消费，生产力水平不同，生产方式不同，分配方式不同，分给个人的消费品数量、质量也不同。这是马克思主义的常识。不能用此证明存在"重新建立消费品的个人所有制"问题。因此，将"重新建立个人所有制"解读成"重建消费资料的个人所有制"是违背马克思原意的。

（二）重新建立"联合起来的社会个人的所有制"理论对中国特色社会主义经济建设具有重要指导意义

马克思把个人所有制分为两类：一类是孤立的、单个人的个人所有制，即被资本主义剥夺和否定的个体私有制；另一类是联合起来的社会的个人所有制，即公有制经济中，作为联合体的社会个人所有制。"重新建立个人所有制"是指后者。其中，联合起来的社会的个人所有制，是对资本主义私有制的否定，也是对其他私有制的否定。它既与孤立的、单个人的个人所有制相对立，也与资本主义的私有制相对立。联合起来的社会中的个人，是指由众多个人组成的社会"联合体"，与社会主义公有制相统一；孤立的单个人，是指生产中分散的单个人，与私有制相统一。这两种个人所有制中的"个人"有着明显的区别。联合起来的社会个人所有制，实际上是从构成整体的个人的角度看社会公有制。公有制应是每个成员个人都有一份的所有制，是人人皆有。而公有制是从个人组成的整体上着眼的，强调整体性。由于不能理解这一层含义，导致大量误解观点的出现。建立在公有制基础上的个人所有制并不是逻辑矛盾，而是未来社会劳动者联合体的所有制形态，也是指导中国特色社会主义公有制经济发展的根本原则。

需要强调的是，社会主义公有制的改革应当重视劳动者权益的保护，这是马克思"重新建立个人所有制"理论的根本要求。"如果社会主义公有制的共同

---

① 马克思，恩格斯. 马克思恩格斯选集：第2卷 [M]. 北京：人民出版社，2012：754.

利益，不能实现为劳动者的个人利益，就不是社会主义所要求的公有制。如果国家所有制名为全民所有制，但与社会成员的个人利益无关，国有经济的发展不能惠及广大劳动者个人，就徒有'全民所有'其名"。① 因此，从我国社会主义经济建设的实践中，从我国国有企业深化改革的进程中，可以深刻领会到马克思将社会所有制与个人所有制统一起来的理论和实际意义。当前国有企业的深化改革，应当建立在准确把握马克思"重新建立个人所有制"的基础上。一是不能搞私有化，也不能搞所谓的"取消所有制分类"，必须毫不动摇地坚持公有制的主体地位，坚持国有经济的主导作用，做强做优做大国有企业；二是要充分保护全体劳动者作为生产资料所有者的权益，在符合当前生产力发展水平的前提下，真正实现生产资料社会所有和个人所有的统一，使经济发展的福利真正惠及广大劳动者，使新时代的经济发展真正做到"以人民为中心"。

（作者单位：中央财经大学经济学院）

---

① 卫兴华. 对错解曲解马克思"重建个人所有制"理论的辨析——评杜林对马克思的攻击和谢韬、辛子陵及王成稼的乱解错解 [J]. 河北经贸大学学报，2014，(3)：24-31.

熊十力本体论批判思想及其思维学意义

——中国特色社会主义政治经济学方法论基础研究

许光伟

摘要： 经由对熊十力学术思想体系全貌的耙梳，可以发现先生一生致力于哲学路径的"造道与立言"。究其实质，乃是本体论批判之思想体系锻造，及于西学域内发动"本体论批判"的卢卡奇工作可以说遥相呼应、旨趣相通。要之，二者均认识到了"哲学批判"是马克思发动政治经济学批判以后不可回避的时代主旨，仍然是最重要的理论、方法论议题。而往深处看，熊十力的努力亦不限于体系建立，更为可贵的是坚持于中学域内展开对本体论批判范畴的哲学思索与学术发掘。表现在：（1）以"心物不二"立基，从最为广大的视域内挖掘与论证"事的科学"根据；（2）以"境识不二"为理论平台，创设中国知识的"本体论"；（3）以"体用不二"为知识原理，对传统思想价值予以创造性转化与表达，极力促成本体论批判路向意义之中国知识生产的当代转向。然则，这一思维学策略再一次显露了"对象→研究对象→知识体系"主体批判的工作实存性，要求将知识结构的性质、状况和以实践为基础的理论（结构）一致起来，从中展示对中国原创学术历史逻辑的依循。总起来说，该研究使"体用辩证法"得以凸现。在当下系统地运用这些工作规定，目的则是为中国特色社会主义政治经济学的构建提供必要的方法论支持，准备好思想素材，并着手论证主题的展开线索。

关键词：中国特色社会主义政治经济学方法论；熊十力；本体论批判；主体批判；心物不二；境识不二；体用不二

基金项目：2017 年上海市哲学社会科学研究规划课题"中国共产党百年研究的海外视角"（项目号 2017BHC007）。

一、从体用规定说起：《资本论》在何种意义上是"体用辩证法"

《资本论》副标题"政治经济学批判"应正确解读为书写历史条目资本的工作方法、工作逻辑和工作线索。马克思说明他的理论著作是对资产阶级范畴的工作批判，是对资产阶级经济学的整个理论体系的批判，同时，"也是对上述体系的叙述和在叙述过程中对它进行的批判"。① 这个批判是从本体起步的。盖因"西洋哲学家谈本体者，只是驰逐知见，弄成一套理论，甚至妄以其理论即是真理，而真理直被他毁弃。"② 例如，"在黑格尔看来，传统形而上学的弊端在于，它是一种凝固的、僵化的'实体本体论'，他试图通过对概念辩证本性的揭示，使'本体'成为一个自我矛盾、自我否定和自我超越的'精神活动性'，并呈现为一个历史性的自我生成和自我创造过程，以此克服传统形而上学实体化本体的凝固性和绝对性，从而改造被传统形而上学凝固、僵化地理解了的'本体论'。"③ 这导致马克思直接声言自己是唯物主义者。"资本主义生产方式占统治地位的社会的财富，表现为'庞大的商品堆积'，单个的商品表现为这种财富的元素形式。因此，我们的研究就从分析商品开始。""商品首先是一个外界的对象，一个靠自己的属性来满足人的某种需要的物。"④ 其次，"这些物，作为它们共有的这个社会实体的结晶，就是价值——商品价值"。⑤

---

① 马克思，恩格斯. 马克思恩格斯《资本论》书信集 [M]. 北京：人民出版社，1976：123.
② 熊十力. 原儒 [M]. 北京：中国人民大学出版社，2006：23.
③ 白刚. 从"概念辩证法"到"资本辩证法"——马克思对黑格尔辩证法的扬弃 [J]. 江海学刊，2009（2）.
④ 马克思. 资本论：第一卷 [M]. 北京：人民出版社，2004：47.
⑤ 马克思. 资本论：第一卷 [M]. 北京：人民出版社，2004：51.

　　但开篇的声明并非指示商品是逻辑起点，而在于指明它的"体用不二"性质，即亦体亦用，同时是体和用的载体。并且，商品这种工作性质使其必须作为知识论的载体，而首先成为"批判的知识工具"。"庸俗经济学丝毫没有想到，被它当作出发点的这个三位一体：土地－地租，资本－利息，劳动－工资或劳动价格，是三个显然不可能组合在一起的部分。""对庸俗经济学家来说，只要他达到了这种不能通约的关系，一切就都清楚了，他就不感到还有进一步深思的必要了。因为，他正好达到了资产阶级观念上的'合理'了。""'劳动的价格'是和'黄色的对数'一样不合理的。但在这里，庸俗经济学家才感到真正的满足，因为他现在终于达到了资产者认为他为劳动支付了货币的深刻见解，并且因为恰好这个公式和价值概念的矛盾使他免除了理解价值的义务。"①

　　破除了商品是单纯的观念论的现象概念认识，商品的本质规定慢慢会浮出水面：首先是"对象之体"——商品的两因素，其次是"太极之体"——体现在商品中的劳动的二重性；它们的结合当然克服了机械主义和心理主义，而能够从生产方式的层面将体和用结合起来，视整体的现象为"体之用"。于是接下来有了"价值形式"的讨论，以起、缘、生、灭的历程引出"货币（金属货币本位制）的规定"，形成商品－货币的"体用关系"。这样看来，货币流通规律不过是价值规律的用的规定。以同样的方式，"金融（纸币或信用货币本位制）的规定"能够从剩余价值生产形式的生命历程中被引出，它一方面使得资本积累规律作为了剩余价值规律的"用的规定"，另一方面迫使资本积累规律具有两个展开环节。简要而言，在再生产的流通环节，资本积累规律具象为个别资本循环规律、个别资本周转规律、总商品资本的社会再生产规律，这定格为"流通之用"（总商品与金属货币的统一）；显然，这是资本之用意义的"商品和货币"。进一步在社会分配环节，资本积累规律相应具象为生产价格规律、一般利润率趋于下降的规律、虚拟（平均）利润率趋于上升的规律，定格为"分配关系之用"（全体意义的货币与商品的统一）；即这里仍然是资本之用意义的"商

---

　　① 马克思. 资本论：第三卷 [M]. 北京：人民出版社，2004：925－926.

品和货币",但"货币领导价值"。"这样,在实体构成形态上,资本主义货币被分割为三方面的工作规定,即货币的生产实体、货币的流通实体和货币的分配实体,完成了'为生产而生产'和'为分配而生产'的体制的统一,并实现前者在权力结构上向后者转移、扩散。"① 然则,《资本论》理论部分的构造体式可整体视为"由体而用";从体用关系的展开看,《资本的流通过程》属于"翕"(合的规定),《资本主义生产的总过程》属于"辟"(分的规定),并且这两者都属于"体用不二"。②

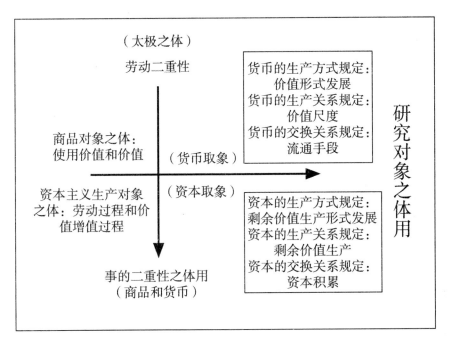

图1 《资本论》"由体而用"工作原理③

① 许光伟. 保卫《资本论》——经济形态社会理论大纲:修订版[M]. 北京:社会科学文献出版社,2017:419.

② 通常认为,辟主动、翕主静,从而静以成体,动以发用。其实,按王夫之的看法,翕辟皆动,彼此相续不已,从而于翕辟处可见体得用。又之,翕辟也是相互不离的,而因应了"宇宙是个大生命,是不断生成的宇宙"观点。正是基于这一原理,熊十力进一步举出"翕辟成变",强调本体的规定中就包含有"一翕一辟"的行动,从而产生交易的矛盾运动。

③ 这是两条线索之叠加:一方面,"从对象到研究对象"(太极生两仪、两仪生四象和八卦)线索可以视为知识全体关系的内部发展规定,另一方面,"从二重性到事的二重性"(道生一、一生二和二生三)线索则可视为上述发展关系的内在逻辑规定;道生一的"一",既是指太极,也是指对象,是两者的统一。"神质与虚,混然为一,完然圆满,是谓混成,亦谓之大一。"(熊十力. 原儒[M]. 北京:中国人民大学出版社,2006:202.)

如图1示意，《资本论》第一卷担负了由"体"起笔，整体阐明"体用关系"（原理）的任务。主要就是阐明"道"（依据商品以及"货币转化为资本"寻找规律），以之为大前提，分别阐明"货币取象"（交换价值形式的历史发展）和"资本取象"（相对剩余价值形式的历史发展）；最后以之为基础，阐明研究对象三个工作要素"生产方式""生产关系""交换关系"的辩证界限关系，通过揭示它们内部的整体联系，制定范畴和安排叙述顺序。这决定由《资本论》研究对象所统率的知识都不纯粹是体或用的规定，而是它们的合一：如第一卷对价值形式、相对剩余价值的处理，如第二卷对再生产运动和构造的处理，以及第三卷对实体经济、虚拟经济相关范畴和关系的处理。这使得由体而用成了探寻规律的线索，体用不二成了范畴的内在结构，以至于"体用"可以说成是辩证法的机理构成方面的规定。这解释了为什么马克思坚持唯物主义的同时，进一步认为，"运用辩证唯物主义原理，无法充分说明社会历史区别于自然的独特发展规律，因而有必要将辩证唯物主义'上升'为实践（和历史）唯物主义"，"因而有必要让拜物教批判理论出场"。① 因为"黑格尔的不彻底性在于，他与传统形而上学一样，仍然把'本体'理解为一个抽象的概念王国和共相世界。"针对于此，马克思彰显了"资本辩证法"的批判本质，"真正以'资本辩证法'实现了对黑格尔'概念辩证法'的扬弃"，"这里，辩证法的核心对象变成了现实资本主义社会中作为支配和统治基点的'资本'，因而辩证法就演化成了'资本的自我否定'"。②

据以上论证，可以说马克思对资本展开了并进的两条路线考察：（1）继之"商品（生产方式）的两个因素"，考察"资本主义生产方式的两个因素"；（2）继之"体现在商品中的劳动的二重性"，考察商品二重性和资本二重性及其"体用不二"机理。两条线索的合成可以说是这样的总体思路："随着'商品的二重性'（使用价值和交换价值）转化为'资本的二重性'（商品和货币），与上述生产运动所对应的资本主义生产方式（资本主义生产过程）的两个最为重

---

① 刘召峰.《资本论》的哲学意蕴：从哲学与经济学类比的视角看［J］. 教学与研究，2019（4）.

② 白刚. 从"概念辩证法"到"资本辩证法"——马克思对黑格尔辩证法的扬弃［J］. 江海学刊. 2009（2）.

要的历史规定就可以说成是'劳动过程'和'价值增殖',引出的生产关系(规定)是'剩余价值生产',引出的交换关系(规定)是'资本积累'。因为在资本主义生产方式中,表面是资本同资本交换、流通过程和直接生产过程的实现再统一,实际是不断扩展的'资本同劳动的交换'的一个运动规定。于是资本的直接生产过程→资本的流通过程→资本主义生产的总过程,这个序列便构成'资本主义生产方式的内部运动',而每一新的'生产关系和交换关系'构造都是生产方式的一步步前进的结果;于是生产总体开始形成,并产生'科学的叙述对现实运动的关系'。"① 一言以蔽之,从知识论生产角度看,资本辩证法揭示的正是"资本之用"对"资本之体"严格意义的批判性回归,因为它所针对的是越来越物象化的世界:"庸俗经济学所做的事情,实际上不过是对于局限在资产阶级生产关系中的生产当事人的观念,当作教义来加以解释、系统化和辩护。因此,我们并不感到奇怪的是,庸俗经济学恰好对于各种经济关系的异化的表现形式——在这种形式下,各种经济关系显然是荒谬的,完全矛盾的;如果事物的表现形式和事物的本质会直接合而为一,一切科学就都成为多余的了——感到很自在,而且各种经济关系的内部联系越是隐蔽,这些关系对普通人的观念来说越是习以为常,它们对庸俗经济学来说就越显得是不言自明的。"②

从中可看出,体、用正是辩证法的实质内容规定。以此观之,资本所执行的本体论批判范畴正是"事的二重性"规定(在资本批判义项下成立的"商品批判和货币批判"③);它立基于资本之体,立基于"劳动二重性"(阴阳),立基于资本主义生产对象的"两仪"线索,全面展开对资本五行意义范畴(由社会商品构造启发的"合生"运动)的考察以及相应对资本八卦意义范畴(由社会货币构造启发的"化生"运动)的考察,最终构筑起特别的"体用不二"知识系统。我们可进而从中发掘中国特色社会主义政治经济学的"方法论品性"。"以此观之,《资本论》的辩证法是'实践态的',具有内在的三个认识维度:

---

① 许光伟. 论生产一般的思维学——对中国特色社会主义政治经济学研究的启示 [J]. 湖北经济学院学报,2019 (1).

② 马克思. 资本论:第三卷 [M]. 北京:人民出版社,2004:925.

③ 这种原理,按十力先生的说法:"道家于用上分说阴阳,阳为精神,阴为物质,犹《易》之乾坤也。"(熊十力. 原儒 [M]. 北京:中国人民大学出版社,2006:313.)

发生学工作逻辑、政治经济学批判和劳动二重性的学说原理。"① 前两者合成为方法论意义的"知行合一"规定，后两者的意义合成即知识生产与传播之"体用不二"规定。从而，"《资本论》的方法要求彻底扭转这种局面，其意义不仅在于通过'科学抽象'揭示出现代世界由以建立起来的基本关系结构，而且尤其强调在这种关系结构中把握诸实在主体展开自身的具体化路径和方式"。② 于是基于中国工作之话语体系，《资本论》开篇可以说委实从对象进发到研究对象，以无对展开有对、由体而用，从"对象之体"的历史阐述转到"太极之体"意义的方法论揭露，最终从对研究对象的科学解剖深入到知识理论体系形成的内部过程。

二、 总说 "体用不二"

熊十力一生学术精要在于弘扬"体用不二"学说，即寓体于用、即用显体。无独有偶，《资本论》中对劳动和资本的体用关系处理，亦是如此，创造性呈现了政治经济学批判的"商品－货币－资本辩证法"，其立足者正是哲学意蕴的本体论批判。因此，如果说王阳明学说的理解制高点是"知行合一"，那么，对熊十力体系的把握要从"体用不二"切入。"熊十力的宇宙论的两个基本概念是'翕、辟'。"③ 然则，"熊十力认识到，宇宙及其间事物的发展是因为其本身内部含有矛盾。这是内因论……他把翕辟的对立和'心''物'联系起来，他说，翕假说为物，辟假说为心……反对唯物论者把'心'消纳于'物'，也反对唯心论者把'物'消纳于'心'，但他的哲学体系并不是心物二元论，因为心、物并不是他的体系中的最高范畴。"④ 但"体用不二"必然以天人合一、知行合一为基础，如熊十力自己就说，"余平生之学，主张体用不二，实融天人而一之，与

① 许光伟.《资本论》辩证法的三个认识维度——兼析马克思思维的发生学研究 [J]. 经济纵横，2017（8）.
② 吴晓明.《资本论》方法的当代意义 [J]. 经济纵横，2018（7）.
③ 冯友兰. 三松堂全集：第10卷 [M]. 郑州：河南人民出版社，2000：647.
④ 冯友兰. 三松堂全集：第10卷 [M]. 郑州：河南人民出版社，2000：649－650.

宗教固截然殊途。"① "吾儒体用不二、天人合一，此为探究宇宙人生诸大问题者不可违背之最高原理也。"② 此又是为何？盖因熊十力的工作究其实质是求"中国知识论"，他以体用不二为"性相一如"的思维学策略，说明他的学说不独是"哲学"（宇宙论、本体论、心性论、认识论），而同时也是"方法论"。并且就其骨子里面的中国工作本位而言，熊十力的首要贡献委实是"方法论"，换一角度说话，熊十力是以"本体论批判"作为他的哲学方法论探究的。

回顾思想史，这种工作是对于王阳明衣钵的内在传承。盖因王阳明不独是"唯心者"，按照现代标准看，他更多是行动主义者——追求的是"圣人常无心，以百姓心为心"。在中国工作语境中，人和心有时是同一性范畴。同时应当注意到，王阳明的学说恰好较为完美地体现了行动主义对唯心主义的思维上的内部掌控性，因而与黑格尔不同，王阳明没有陷入那种思维性神秘当中。③ 可以说，这是于主体社会的构境中完成了对"心象化世界"的神秘主义的破除。无独有偶，王阳明－熊十力的工作关系恰好可用"马克思－卢卡奇"路线上的学术进展情况加以比对。即如果说劳动二重性是政治经济学批判意义的思维学策略，这个对应的规定在王阳明那里就是"身份二重性"——物质身份和社会身份，由于二者连体，所以王阳明强调"心物合一"。马克思以"政治经济学批判"为经济学，目的是要理论破除"资产阶级物象二重性"，因为它造就了"物的解释学"，"实践之路是物化→物象化"，"产生一种工作效果：物化对物的生产予以肯定，物象化为之拟象，促成拜物教认识"。④ 在主体社会里，"物象化世界"为"心象化世界"替代。马克思和王阳明囿于自己的任务，均未能从哲学建构层面说明"如何破除"的问题。如同王阳明将问题最终交到熊十力的手中，马克思则将这个问题"转移"给他的哲学批判方面的工作后继者卢卡奇。

为了解决"资产阶级虚假本体"问题，卢卡奇将本体论作为一个根本问题

① 熊十力. 新唯识论［M］. 北京：商务印书馆，2010：396.

② 熊十力. 体用论［M］. 北京：中国人民大学出版社，2006：243.

③ 许光伟. 主体社会与知行合一：王阳明学术思维研究——兼谈中西对话的方法论问题［J］. 经济思想史研究，2019 (1).

④ 许光伟. 保卫《资本论》——经济形态社会理论大纲：修订版［M］. 北京：社会科学文献出版社，2017：170.

提出来，他通过将"社会存在"视为独立于精神的存在类型，进一步提出"社会存在本体论"，以之为认识批判武器，完成对"资产阶级物象化世界"的理论瓦解工作。因此他讲道："在哲学的发展中，实证主义，首先是新实证主义，只有当它们要求在所有的世界观问题上采取一种完全中立的立场，让所有本体论的问题都悬置起来，成为一种把自在存在的全部问题作为原则上不可回答的存在问题从它们的领域中清除出去的哲学时，才具有这种特殊位置。实证主义和新实证主义在这方面继承了主观唯心主义的遗产。"[①] 盖因"现代世界仍是资本统治的时代，因而唯物主义是主导性哲学观念，实用主义、实证主义、科学主义、技术主义等不过都是唯物主义的分支，是对'物道'从法的层次上的展开与论证"[②]。关于虚假本体，卢卡奇还指出："对于被我们认作事实或联系，认作过程或规律性的东西，只有不断地清醒的本体论批判，才能在思想上重建对现象的真正洞察。资产阶级经济学由于这里产生的僵硬的分离性的二元性而不断受到损害。在一个极端产生了一种纯粹经验主义的经济学史。在这种经济学史中总的过程的真正历史的联系消失了；在另一个极端，从边际效用理论到今天的操作性的个别研究产生了一种科学，它以一种伪理论的方式，使真正的和决定性联系消失了，即便在具体情况下偶尔存在着有现实的关系或它们的踪迹。"[③] 然则，"这就清楚表明，科学发展本身如何提供了这样一种可能性，就是既要从思维上跨越某些范畴关联，同时又不因此而必然陷入放弃科学所研究的那种存在的客观性的境地"[④]。并促使卢卡奇声明这一点："对于社会存在本体论来说，马克思的'如果事物的表现形式和事物的本质直接合而为一，一切科学就都成为多余的了'的论断是格外重要的。这句话是在一般本体论意义上讲的，因而它既适用于自然，也适用于社会。"[⑤] 然则，为使对"虚假本体"的批判形成条

① 卢卡奇. 关于社会存在的本体论——社会存在本体论引论［M］. 白锡堃，等，译. 重庆：重庆出版社，1993：399.

② 刘永佶. 劳动主义：上卷［M］. 北京：中国经济出版社，2011：14.

③ 卢卡奇. 关于社会存在的本体论——社会存在本体论引论［M］. 白锡堃，等，译. 重庆：重庆出版社，1993：663 - 664.

④ 卢卡奇. 关于社会存在的本体论——社会存在本体论引论［M］. 白锡堃，等，译. 重庆：重庆出版社，1993：117.

⑤ 卢卡奇. 关于社会存在的本体论——社会存在本体论引论［M］. 白锡堃，等，译. 重庆：重庆出版社，1993：651.

理性的认识，特制作以下图例（图2），作为存史之备。

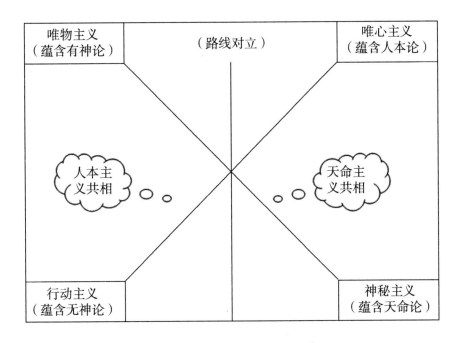

图2 历史世界观与哲学认识论图谱简示①

如果说卢卡奇在马克思之后所执行的本体论批判有利于将马克思的政治经济学批判引向对"新古典经济学"的理论批评，那么，熊十力的研究事体必定有利于"新儒学"展开对"佛教学理"的世纪清理，即用"事的二重性"扫除

---

① 要之，唯物主义与唯心主义之路线斗争绝不意味着其他路径或线索的不存在。熊十力指出，"中学在宇宙论及人生论中，确无一元唯心与一元唯物之分裂情形"。（熊十力. 原儒［M］. 北京：中国人民大学出版社，2006：233.）再如，"老氏之混成，亦与二元不同，混成以虚为本，虚含神质，即体非无用之体……就心物问题而言，老氏持论颇有与儒学相接近处，盖于心物则窃向《大易》，而谈本体乃特异"。于是十力先生坚持认为："吾人所可知者，宇宙开端是阴阳俱有方成变化，设若以此推断为未是，而或以为太始唯是孤阳肇起万化（西学唯心论，以心为一元，即阳阳也），或以为太始唯是孤阴肇起万化（西学唯物论者，以物为一元，即孤阴也），此皆违反辩证法。"（熊十力. 原儒［M］. 北京：中国人民大学出版社，2006：208－210.）刘永佶对此亦有不俗之说明：第一，"唯物主义是以天命主义为中介对上帝主义的否定"。第二，"由欧洲人所界定的哲学史并未将在中国盛行的天命主义列为历史逻辑的主要环节，而是将其作为一种'例外'或'早熟未发育'的观念。但当我们考察全人类的哲学史时，又必须明确规定天命主义的地位和性质"。第三，"唯物主义的形成及唯心主义对它的反对，只是哲学史上一个阶段的内容"。第四，说到底，"并不存在由古至今而后的唯物主义与唯心主义'两大阵营'；唯物主义出现之前，哲学史已有若干阶段；唯物主义作为哲学史的一个阶段，也会被新的哲学观念否定并取代"。（刘永佶. 劳动主义：上卷［M］. 北京：中国经济出版社，2011：16－19.）

心象化世界的二重性规定即心象二重性之思想与方法残余。① 然则，熊十力和卢卡奇可以说不约而同地把王阳明和马克思的二重性（阴阳规定）"事的科学"化了，以此彻底与"物的科学"告别，就像十力先生说的，"科学本是向外逐物之学，其研究对象即是物理世界，其方法博而精、严而密，毕竟以实测为基、分析为要"。② 乃至于"科学肯定物质为实在，物质有无本原，科学所决不过问，唯肯定物质宇宙是实在的而已。其研究的对象是大自然，唯用纯客观的方法，即以主观从属于客观。此与日损之学信任内心炯然大明、感物斯通者，乃极相反。由科学言之，可说知从物发，不是因心成知。""科学的知识是以主观从属于客观、循物无违而得成，循物无违四字吃紧。""故其知识精严、细密、正确、分明，得物理之实然。夫唯得物理之实然，乃足以操纵、改造、变化、裁成、征服、利用乎万物。大自然本是无尽藏，不会有匮竭。科学进攻自然，亦随之无停止，此科学所以为日益之学也。"③ 略说劳动二重性之提升为"事的二重性"，即卢卡奇所说的"劳动作为实践模式"，然则，"人类特有的生活的表现形式，这些表现形式——无论通过多少广泛的中介作用——都是从劳动中产生出来的，因而在本体论和发生学上也只有从劳动出发才能把握它们。"④ 简要来说，王阳明以人的主体（社会身份关系）和物来认定"身之二重性"，以区别于"劳之二重性"，如上指出，熊十力进一步是以"心和物"来命名身及其行动

---

① "在不到一年的时间内，佛学界的各大宗派，便一齐加入了对熊十力《新唯识论》的批判，足以表明此书对佛学界影响之大、触动之深。""这一过程之所以来得这么快，主要是因为熊十力对其《新唯识论》确实下了'十年磨一剑'的功夫，十力先生自豪地说：'《新唯识论》出，内院合力相破，谓吾必遭《破＜新唯识论＞》，及《破破》之论出，彼以半年的工夫作《破破破》，最终（作）不出。吾义证坚强，他不能摇也！'（丁为详. 熊十力学术思想评论 [M]. 北京：北京图书馆出版社，1999：32 – 33.）又之，"佛家在宇宙论中将性、相割裂为二界"，"佛法根柢究是宗教思想，自释迦氏开宗，传至小乘，皆以众生各有神我，论溺生死苦海，急图拔出，是为其本愿"。于是可以说，"大乘虽深穷实相，不拘限于神我之论，但其理论终有不可弥补之缺憾在。彼之实相是不生不灭，无有变动，而心物诸行是互相为缘而生，不由实相变动而成"。（熊十力. 体用论 [M]. 北京：中国人民大学出版社，2006：153 – 154.）

② 熊十力. 体用论 [M]. 北京：中国人民大学出版社，2006：166.

③ 熊十力. 体用论 [M]. 北京：中国人民大学出版社，2006：139 – 140.

④ 卢卡奇. 关于社会存在的本体论——社会存在本体论引论 [M]. 白锡堃，等，译. 重庆：重庆出版社，1993：102 – 103.

的。① 所谓："心、物乃是本体变动而成功用。"② 即"心与物皆功用也","功用的心、物良方，一名为辟，辟有刚健、开发、升进、炤明等德性，《易》之所谓乾也。一名为翕。翕有固闭和下坠等性，《易》之所谓坤也。"③ 熊十力指出，佛教大乘空宗和大乘有宗所犯错误的背后有一个共同的原因，那就是把法性（本质）和法相（现象）割裂开来、对立起来。"佛教的十二缘生实际上划分出了相互隔离的两重世界，即不生不灭的永恒的真如世界和刹那生灭的空幻、染污的缘起世界，而且最终目标是舍离现实世界、皈依涅槃境界。""熊十力通过对佛教唯识学的'因缘'作出了体用式的创造性诠释，把阿赖耶识缘起的现象界决定性因果转变成本体、功能大用流行，实现了从因果到体用的存在论模式转换。"④ 据此，十力先生尝试指出："唯心宗以物为精神之表现，唯物宗以心为物质之作用，此皆任意想，以强作安排也。两宗皆割裂宇宙，而各取一片以说为一本，核其实际，要皆无体之论。"⑤

图2中，唯物主义和神秘主义共相，而唯心主义又和行动主义共相，表明求其理论结构必由"方法论"入手。然十力先生以"体用不二"为知行合一（本质和现象统一之实现行动）的思维学策略，那就是破除对体的抽象性解读和运用，是把理论落实到"体用的知识结构"寻找问题解决，询问知行合一的"如何可能"。"体用二名，想待而立。假如说，有体而无用，则体便空洞无所有。若尔，体之名何从立？假如说，有用而无体，则用乃无原而凭空凸现。如木无根而生，如水无源而流。"⑥ 如对商品价值而言，它既是"体"亦是"用"：作为"体"，它是价值实体和价值形式之统一；作为"用"，它是商品生产关系和商品经济社会范畴之统一。这就是依据事的二重性所得到的全体考察。"大乘法

---

① 它们"确不是两体"，"单言心，即摄生在内；单言物，即能力在内。""心、物是一体，非可分而为二。"从而，"万物莫不由二物以成，二者，谓生命、心灵和质、力也。""在物质层时期，生命、心灵不得显发；而待宇宙发展，物质层最先成就，生命、心灵二层渐次出现。"（熊十力. 体用论［M］. 北京：中国人民大学出版社，2006：218.）

② 熊十力. 体用论［M］. 北京：中国人民大学出版社，2006：131.

③ 熊十力. 体用论［M］. 北京：中国人民大学出版社，2006：135－136.

④ 李祥俊. 生命皈依与价值抉择——熊十力佛学本体论批判历程研究［J］天津社会科学，2012（2）.

⑤ 熊十力. 体用论［M］. 北京：中国人民大学出版社，2006：131.

⑥ 熊十力. 体用论［M］. 北京：中国人民大学出版社，2006：78.

性一名，与本论实体一名相当。大乘法相一名，与本论功用一名相当。"然则，
"确与本论体用不二义旨极端相反，无可融和"。①"即性相可分而实不二是也。"
一方面，"实体是真实，现象是变异；实体是无对，现象是有对"。另一方面，
"真实自身即是变异，譬如大海水完全变成起灭不住的众沤。变异自身即是真
实，譬如每一个沤相其自身都是大海水"。总之，"有对即是无对，譬如于万沤
而见一水，则有对即无对也。无对即是有对，不可离有对而求无对"。② 熊十力
十分明确地说明："余持全体分化之论，实宗主大易，非余一己之臆说也。"
"《易》明乾元，分化为乾坤。""乾坤虽分，而实互相含：《乾卦》中有坤象，
明乾阳主动以运乎坤，是阳含阴也；《坤》卦中有乾象，明坤阴承乾而动，是阴
含阳也。"据之，"乾坤不可剖作两体，只是功用之两方面，不是二元"。"更不
可于此两方面任意而取其一，如唯心、唯物诸戏论：唯心论者，只取精神为一
元，是有乾而无坤也；唯物论者，只取物质为一元，是有坤而无乾也。"说到
底，"大化之流，不有反对，无由成变（大化，犹云大用；流者，流行；乾阳，
坤阴，以相反对而成变化）。不极复杂，何有发展？"③

所谓即用显体，如后文说明，它指示以下两方面规定：体是对象与太极之
统一规定以及用作为理论形成之线索，作为研究对象与知识的统一，最终导致
认识的内容和认识的形式相统一，实现方法论的贯彻。在熊十力的眼里，"体用
不二"就是中国知识论含义的"理论"了："王阳明自谓发见良知，为千古之一
快。余发见体用、天人，亦可引阳明之一快以自慰。"④ 然则，以理论审查知识
结构所收到的效果即是"思维方法立本"。工作实质在于弘扬发生学的实践逻辑
原理，所谓："本体是无对。本体之流行至健无息，新新而起，其变万殊，是名
为用。用既万殊，便是有对。由体成用，即无对已含有对，相反在是。然赖有
此反，乃以显发本体之盛德与大化。用毕竟不违体，故曰无对统摄有对。"⑤ "熊

① 熊十力. 体用论 [M]. 北京：中国人民大学出版社，2006：31.
② 熊十力. 体用论 [M]. 北京：中国人民大学出版社，2006：71.
③ 熊十力. 体用论 [M]. 北京：中国人民大学出版社，2006：90.
④ 熊十力. 体用论 [M]. 北京：中国人民大学出版社，2006：243.
⑤ 熊十力. 原儒 [M]. 北京：中国人民大学出版社，2006：3 - 4.

十力的体用论既不是柏拉图式的二重世界论，也不是亚里士多德式的'实体论'。体与用的关系既不是超验世界与现象世界的关系，也不是作为基质、基础的'实体'与属性的关系。""与柏拉图的二重世界论和亚里士多德实体－属性二元论相对照，熊十力的体用论可称之为即体即用，即本体即功能，即实体即属性，即变易即不变易；而即体即用、即变易即不变易是熊十力本人极为强调的；其思维方式可称之为'中道思维'。"① 这种兼容并包的研究与叙述方式是将图 2 展示的"四方结构"作为一个整体予以把握，从而是在"对角线"的关系上突出与化解"路线对立"。熊十力指出，若论"中道之义"，"汉以来实无正解"，但有一点可以肯定："西学蔽于用而不见体"，即"中学所谓流行不息，活活跃跃之大用，西学于此亦见。但西学所见，便止乎此。易言之，西学遂为用所蔽，不能于用而透悟其本体。"② 在高度上，十力先生力图以"不二"知识论框架统一"知"和"行"，然则，它广泛涉及"本体现象不二""道器不二""天人不二""心物不二""理欲不二""动静不二""知行不二""德慧知识不二""成己成物不二"等。③ 由此生发的境界是，以大《易》为支持的"中国知识"总体上是"结构不二"的，这直接肯定了对象思维学的工作实存性，又便于将儒家社会理论阐明为共同体思维学下的主体社会的理论。

三、 续说 "境识不二"

经由以上阐发可以发现，十力先生的宏旨在于建构"中国知识论"，所依凭的学术路数是"中华思维学"和"知识论"的对接。中间的通道绕不开逻辑学，他用兼顾形式逻辑、辩证逻辑的"东方式的实践逻辑"作为依傍。这自然是经过熊十力和大乘空宗及有宗的斗争所得到的不易结果。让我们从众多"不二"框架中取出"境识不二"，作为其知识理论构造的一个正面阐明。然则，需要知

---

① 林丹."体用不二"与"中道思维"——熊十力"体用"论的发生学考察 [J]. 江苏社会科学，2011 (2).

② 熊十力. 原儒 [M]. 北京：中国人民大学出版社，2006：234－235.

③ 熊十力. 原儒 [M]. 北京：中国人民大学出版社，2006：序8.

晓它的理解底座仍然是天人合一意义的"心境合一"。实际上，这依然是思维学的策略，从中可看出熊十力和王阳明工作的内在理论相关性，即"心境合一"是暗合王阳明"心理合一"的。熊十力以"境"置换王阳明的"理"，更加突出思维结构的主体发生学特质，盖理欲不二而入"境"。

实践而又理论而又知识结构，按十力先生所尊崇的大《易》义理看，是从变易生简易再生不易的认识沉淀过程，但实际的理论斗争相反，知识界呈现的是相反的路线景象：不易（知识假设）→简易（理论流派）→变易（中西诸流派的知识）。这从知识论上激发了"体用不二论"，"自变易言，宇宙万有皆变动不居，科学研究者固在此方面。自不易言，则太极为变易之实体"。"变易之万有譬如起灭不住之众沤；不易的太极譬如大海水。变易以不易为体，譬如众沤以大海水为体。体用不二之义极难言，唯大海水与众沤喻，令人易晓。"然则可断论，"科学自身元是知能的。而运用此知能者，必须有更高之一种学术。此更高之学术似非求之儒家大《易》不可"。[①] 并使得十力先生对理论的判断和对知识生产的考虑直接相关。盖因"体用不二"既要由理论所显明，同时，它本身即是在"运用"理论。即综合起来看，"'境识'概念是熊十力哲学体系的基础概念"，"在'境识'这对范畴发展过程中，熊十力从大乘唯识学入手，认为各种存在的'物象'的本体在心，为体之用，进而'境识'问题又可以归结为'体用'问题"。[②]

要之，这是熊十力的哲学底蕴所在。以老庄为例，十力先生解读曰："不肯把本来浑全的宇宙，无端加以解析。不肯把他本来浑一的生命，无端分作物我，别了内外。""因此，应该说他是超知识的。"但是必须说，"他并不是故意反知，却是超出知识猜度的范围，而握住了真理"。故而，"我总觉得，哲学应当离开科学，有它独立的精神和面目"。然则，"所谓超知识的也者，本无神秘。亦旅怪迂。知识所以度物。而理之极至，不属于部分，乃万化所资始，则不可以物

---

① 熊十力. 境由心生 [M]. 西安：陕西师范大学出版社，2008：21.
② 杜瑞，李铁成. 试析熊十力"境与识"思想 [J]. 太原师范学院学报：社会科学版，2012 (3).

推度"。所以最终必须说，"真理不是妄构的境界"。^① 从批判的角度看，可以认为："熊十力在认识论上主张'智识合一'，即'性智'和'量智'要辩证统一，并提出'性智'统辖'量智'，在此基础上，主张要'转识成智'即知识必须服从道德，真正实现伦理学和认识论的统一。"^②"孔子尊智而不轻知识，格物而主以致良知，本末一贯，其道不可易也。""总之，孔子之学以知识与智合一为常道。"^③ 于是乎，"吾国先哲对于境和心的看法，总认为是浑融而不可分"。^④"总前说而观之，大乘遮拨外境，甚有义理。夫识对境彰名，才言识便有境，如何可言唯识无境耶？""据此，则唯识为言，但遮外境，不谓境无，以境与识同体不离，故言唯识。唯者殊特义，非唯独义。识能了境，力用殊特，说识名唯，义亦摄境，岂言唯识，便谓境无？"^⑤

这使得熊十力步入知识的整体构境论。于是这个境，必须作"实态的理"（如智亦良知）来掌握。如此能够明白这些论断："心和境本是完整体的两方面。""吾侪须知，从我的身迄大地乃至诸天或无量世界以及他心，一切都叫作境。""我的身这个境是不离我的心而独在，凡属所知，通名为境。"可以说，"心是能了的方面，境是所的方面，境必待心而始呈现，应说唯心，不言唯境"。然则，"所谓定律或公则等意义，相当于吾先哲所谓理"。无论"主张理是在物的"抑或"说心即理（此即字的意义，明示心和理是一非二）"，"实则心和境本不可截分为二（此境字，即用为物的别名）"，因为"所谓理者不应偏说为在物，当知万物元是众理灿著，吾心亦是万理皆备，是故心境两方面，无一而非此理呈现。说理即心，亦应说理即物，如果偏说理即心，是求理者将专求之于心而可不征事物"。"综前所说，但对治迷执外境，并不谓境无。如果随顺世间，假说物为外在，从而析其分理，'观其会通，以行其典礼'，庶几格物而不蔽，用物而不溺，正是心境浑融实际理地。虽假说外境，而不迷执为外，则亦余所

① 熊十力. 境由心生 [M]. 西安：陕西师范大学出版社，2008：33.
② 聂民玉，耿建涛. 熊十力"智识合一""转识成智"的认识论发凡 [J]. 保定学院学报，2013（2）.
③ 熊十力. 体用论 [M]. 北京：中国人民大学出版社，2006：201 - 208.
④ 熊十力. 新唯识论 [M]. 北京：商务印书馆，2010：396.
⑤ 熊十力. 新唯识论 [M]. 北京：商务印书馆，2010：20 - 21.

不遮也。"其中道理所在是："今所以说识名唯者，一，会物归己，得入无对故。如果把万物看作心外独存的境，便有万物和小己对待，今说唯识，即融摄万物为自己，当下便是无对。二，摄所归能，得入正智故。能谓心，所谓境，了境者心，改造境者亦心，故说心名能。心之所了别者是境，随心转者亦是境，故说境名所。唯识旨趣，是把境来从属于心，即显心是运用一切境而为其主宰，是不役于境的。心不役于境，即解脱尘垢而成正智，此唯识了义也。"①

以"境"作为思维结构，突出了理论构造的总体性内涵，然则，它和总体范畴是内在契合和意义对应的，这和《资本论》不谋而合。这是解开马克思为什么认为《资本论》研究对象需要加以特别表达的"密匙"："我要在本书研究的，是资本主义生产方式以及和它相适应的生产关系和交换关系。"② 若以生产关系为"心"，则上述这个表达实则是"境"，心是"殊特义"，境是"总体义"；资本范畴即是识，它与研究对象之境是一体同界。所谓："识乃与境相对应，自性即为抛开一切经验的纯粹的本性、本心。"③ 进一步，如果说"不可舍心而言理"，那么这个"特殊的识"由以产生的规定，就正是："一切境都是与吾心同体，没有一彼一此的分界，没有一内一外的障碍。"④

心境一界，而后有境识同界、同理，"所以境和心是互相对峙毕竟又互相和同，因此能完成其全体的发展。照此说来，境和心是一个完整体的两方面，断不可把境看作是心外独存"。同样的道理，"境和识本为完整体之两方面，境的方面能影响于识，识的方面能了别及改造于境。完整体有此两方面以遂其发展，是乃法尔如是"。又之，"境与识本不可分内外，而世间计有离心独在之外境，则妄而已矣"。⑤ "在这种进行非人格化的过程中，凡是显得同一定的认识对象与进行感知的现实的人之间的直接关系不可分割地联系着的东西，凡是不仅决定着认识对象本身的真正的、客观的属性，而且也决定着人的感知器官（包括直

---

① 熊十力. 新唯识论 [M]. 北京：商务印书馆，2010：174 - 177.

② 马克思. 资本论：第一卷 [M] 北京：人民出版社，2004：8.

③ 杜瑞，李铁成. 试析熊十力"境与识"思想 [J]. 太原师范学院学报：社会科学版，2012 (3).

④ 熊十力. 新唯识论 [M]. 北京：商务印书馆，2010：174.

⑤ 熊十力. 新唯识论 [M]. 北京：商务印书馆，2010：166 - 169.

接思维）的特性的东西，都必须被当作现象（或者有时甚至被当作纯粹的假象）而退居次要地位，从而让位给那些现实地自在着的因素，从而使人能够按照自在着的、独立于人而存在着的世界的那个样子去感知世界……那么假使没有非人格化过程，则人们日常生活的某些直接表现形式就会成为无法逾越的障碍，阻挠人们进行上述那样的实践，因而也阻挠人们真正地认识人的存在。"① 然则在熊十力看来，上述的这个结构真正支持了知行合一，它通过开启"智识合一"，在工夫活动中最终统一了"为道日损意义的致良知"和"为学日益意义的致良知"。

四、 再说 "心物不二"

通过性相一如，十力先生获取了"本质现象合一"，以之为思维学策略，通达王阳明的知行，解决它实行不足的问题。② 十力先生给出知识总答：体用不二原理。在它的背后隐藏有一种努力，那就是以"心境合一"弥补王阳明"心理合一"之不足，形成一个"唯识学"的新理论；复以太极与对象规定之统一说明"道"③，而能正确取象。"全部的问题在于不能把'道'神秘化，用逻辑学的思维神秘解道，结果就是将道视为某种'最高精神实体'。"④ 然则，熊十力认识到，"老氏所谓道，盖合虚、神、质三者，而为混然不可分割之全体"。⑤ 显然，这种思考策略是为了获取理论研究对象而必须具有的突出的思维特质。这样对熊十力所要完成的体系而言，"体用不二"和"境识不二"是相互拱卫的。达成两方面的效果：既避免了理论作为纯认识而以本体论统摄之，又迫使知识的生产向着本体论批判的方向进取和一步步落实。拱卫两者的地基必然是"心

---

① 卢卡奇. 关于社会存在的本体论——社会存在本体论引论 [M]. 白锡堃，等，译. 重庆：重庆出版社，1993：28-29.

② "近人辄以良知学说为唯心之论，此甚错误。西学唯心论，只承认心是惟一实在，中学以心物为本体流行之两方面，彼此无相似处。"（熊十力. 原儒 [M]. 北京：中国人民大学出版社，2006：231.）

③ 这是道的两种状态，名之曰：无和有。

④ 许光伟. 论生产一般的思维学——对中国特色社会主义政治经济学研究的启示 [J]. 湖北经济学院学报，2019（1）.

⑤ 熊十力. 原儒 [M]. 北京：中国人民大学出版社，2006：201.

物不二"，盖因体系所需要的所有规定都从这里开拔，均需于此处予以定义。

犹如卢卡奇之思路推敲："我这些引言，只能针对这种本体论批判的最一般的轮廓进行一些提示性的说明……我们既然继续试图至少是从一些最重要的规定性上，勾勒在进行本体论批判时将要出现的一些综合问题的最一般的轮廓，那么首先就必须扼要地谈谈三大存在类型（无机自然、有机自然、社会）在起源方面的共同关联性和在质的方面的差异性。"① 那么也需要询问：熊十力最终以什么的思维学策略通达王阳明的"心物"问题，获得其圆满彻底之解决呢？答案是"宇宙万物合一"。这是熊十力基于生命实践论怀有的终极解释："万物各有的生命，即是宇宙大生命；宇宙大生命，即是万物各有的生命。"② 王阳明以道为心，以道为心容易陷入"彻底的唯心论"；在其体系里，物者是向着"心"前进的，心即理，以性为体，理乃是"思之维"，然则，汇集齐整了的因素共同奔向"致良知"，构成封建官僚社会秩序意义的"善行"。要之，"王阳明用'心'托出了'物者'（物象），从而强调的是'心即物'（心外无物）的社会心象"。③ 与之不同和作为它的补充完善，在实践对象环节，熊十力力主以宇宙为心，统一主体和客体的本根规定，强调："本体亦云宇宙之心。但所谓宇宙之心，实即众人或万物各具之心。"十力先生就此有针砭的议论："西洋知识论之兴，本以古今谈本体者纷无定论，于是转为知识之探讨。乃复自画于此，又置本体论而弗究。""理智或知识终不堪得到本体。然则求证本体，必别有工夫在。"④ 也就是在这里，卢卡奇恰当地指出："在这个问题上应该想到这样一点，就是过去、现在和将来，非人格化一直是认识现实的、自在着的存在的若干最重要、最不可缺少的手段之一……在这里，人的有意识的目的论设定，构成了上述两类不同的适应活动的本来的、首要的分水岭。然而，人对周围世界

---

① 卢卡奇. 关于社会存在的本体论——社会存在本体论引论 [M]. 白锡堃，等，译. 重庆：重庆出版社，1993：17.
② 熊十力. 体用论 [M]. 北京：中国人民大学出版社，2006：128.
③ 许光伟. 主体社会与知行合一：王阳明学术思维研究——兼谈中西对话的方法论问题 [J]. 经济思想史研究，2019（1）.
④ 熊十力. 境由心生 [M]. 西安：陕西师范大学出版社，2008：17-18.

的积极的适应活动可以在存在中无限发展，这是和以前的消极的、纯粹以生物学为依据的、因而从根本上说是相对静止的适应形式不同的，所以人作为个人和作为类而自我再生产的社会过程中，非人格化恰恰是使人成为人、使自然限制逐渐退却的一个决定性的重要因素。"①

本体是空寂的，亦是流行的，这是从体用合一角度看待对象规定的。"本体是恒久，无始无终。本体是全的，圆满无缺，不可剖割。若说本体是不变易的，却已是变易的；若说本体是变易的，却是不变易的。"② 一阴一阳谓之道，一翕一辟谓之变（谓之性）；然则，把翕辟成变同样说成是"宇宙论"。③ 十力先生的一大创见是坚持以心、物命名"事的二重性"——这是方法论之贯彻，由此启发"事的科学"之构建。从"劳动阴阳"和"身份阴阳"二重性规定的统一看，二重性（中国人曰"阴阳"④）所组装者即"非人格化"和"非物格化"的素材；劳之二重性与身之二重性涉及的事实素材显然不同，但从意义引申方面都涵容物质素材和社会素材两方面的内容⑤。然则在熊十力看来，本体论和知识论亦是从"实践"之科学规定起步的。这为其智识论提供了可靠根据。"来函问事物之理，与天理分开，此说谛否？"答曰："心物本非二界对立。""心是天理流行，即物是天理流行。""如以物果为对立而不相融之二界，则物之理，何可

---

① 卢卡奇. 关于社会存在的本体论——社会存在本体论引论［M］. 白锡堃，等，译. 重庆：重庆出版社，1993：28－29.

② 熊十力. 新唯识论［M］. 北京：商务印书馆，2010：198.

③ 熊十力把辟称为"心"，把翕称为"物"，试图直接从翕辟不二的关系上说明"心物不二"。其实，这是强调"恒转成为大用"，"即无有离用而独存之体"。所谓摄用归体也。"夫摄用归体，夐然无对，心物两不可名。"十力先生解释说："今在宇宙论中说摄用归体，即是观心物诸行而直会入其本体，夫克就本体而言，即无形相，无作意，故心物两不可名也。"（熊十力. 体用论［M］. 北京：中国人民大学出版社，2006：17－19.）

④ 至此，可将阴阳的意义规定为"有无相生而成阴阳"。"由斯而论，则《老子》第一章有无二名亦可得正解。混成无形，故说名无；混成之动，愈出而无穷无尽则为万物母。故就动出而言，应名为有，有之名，即依动出而立。混成是体。动出是由体而用，有无二名依本用假立。体用可分，究不可析而二之，故第一章曰'此两者同，出而异名'也。"（熊十力. 原儒［M］. 北京：中国人民大学出版社，2006：202－203.）

⑤ 本着这一方法论思想原则，心，正是非人格化的规定，以至于梁漱溟断然强调"革命从心出发是中国革命的特色"。"辛亥革命确是两千年来一大变局，社会秩序———切法制礼俗都将从新订定。就其一时订定不出来，陷于扰攘混乱者三十多年。到1949年中国共产党领导建立新中国，从而在无产阶级专政下稳定至今，社会秩序渐次创造形成。这才是经历两千年不见有革命后的一次真正大革命。这一大革命的特色，便是从心出发而非从身出发，即是以人心自觉为主，而不是自发性的。"（梁漱溟. 梁漱溟全集：第7卷，山东人民出版社，2005：285.）

以心知之乎？唯心物不二，故心，是万理皆备之心。即物，是万理皆备之物。"
"然心、物，究是浑然一体流行不息之二方面，不可只许有心之一方面，而否认
物之方面。则阳明似未注意及此也。"而说到底，"孔子之仁，程、朱之天理，
象山之本心，阳明之良知，实是一物而异其名耳，《新唯识论》之性智，亦此物
也"。"事物之理，如何可离开天理。""是故心物，同于理。不可以心物为二，
不可说事物之理，外于天理而别有在。宇宙人生，元是浑全，不容分割。"① 究
其实质，如上所论及，熊十力"一方面是论证传统的尽心之学具有宇宙论与人
类学的根据，因而有永远普遍的意义；另一方面试图在尽心之学与格物之学之
间建立起一种既合于儒学传统又适合社会发展的关系。"② 于是触发议论："熊先
生的学问乃是自家体系之建构，其体系根据在于《新唯识论》，是以'易'的乾
坤、辟翕之说而来摄受佛学的心法、色法，故以乾为心，坤为物；另一方面，
又可摄受西方的唯心论、唯物论，其以阳明良知说为基，再做物质坤元的补充，
以便开辟外在客观世界的运作，由此接轨西方科学知识等系统。"③ 而立足主体
（关系）社会，以宇宙和万物合一为思想素材，本着宇宙即万物、心和万物同体
合一的思想策略，确实能够发掘主体批判之事功，从哲学思索的高度上突出了
中华对象的规定性。

　　要之，是认识到"心物合一"的内在缺陷还在于满足"思维的摹画"（为
思维形式所构画），而难以达成十力先生所言的"直指本心，通物我内外，浑然
为一"之境界，或者说仍然是"思想上的宇宙论"，而并非"实践过程里面的宇
宙论"。在熊十力看来，一定要从内在方面、从生活当中来说明心物绝不是"两
个"，而是"一个"的事实道理，这才是为"体用不二"知识原理真正奠基的
规定。为此，就要根本杜绝形式主义的"物之哲学""物之科学""心之哲学"
"心之科学"对认识的干预，并防范话语上的"本体解释学"。所以，探究本体

---

① 熊十力. 境由心生 ［M］. 西安：陕西师范大学出版社，2008：68 – 70.

② 熊十力. 熊十力全集：附卷（下）［M］. 武汉：湖北教育出版社，2001：1328.

③ 蔡家和. 熊十力对船山学之判论 ［J］. 中共宁波市委党校学报，2019 (1).

同样离不开"用",即心和物的本体规定必须是大用意义上的统一。① 万物皆起于小一,成于大一。大一者至大无外,"浑一而不可剖分,谓精神"。"至小无内,谓之小一。""小一者,物质之至微者也。"② 然则可以说,"'小一'或'系群',是心与物合一、翕与辟合一"。或者,"由翕而凝成'物',总有由'辟'健动之'心'为主宰。也就是说,通过每一'小一'所涵的主宰,都可发现生生不息的'本体'。或者说,每一'小一',都是'本体'体现"。③

五、 复议 "心物不二""境识不二""体用不二"路线的意义

这归结的部分应该是谈哲学的统一性问题的。哲学是建构与批判的统一,虽则心物不二→境识不二→体用不二路线,充满了思维学智慧,但实质问题仍然是解决"心物合一""心理合一""知行合一"的意义贯通问题。"从'物的科学'对'事的科学'转化为起步,王阳明主张的认识论是迥异于自然科学的。这在王阳明看来,'心物合一'乃是社会科学的直接出发点,心物合一就是生产关系的'中国表达'(思维形式)"。④ 无独有偶,卢卡奇同样遇到这样的难题,"《历史和阶级意识》最根本的是历史概念,这是他全部理论的基石。卢卡奇把历史作为重建马克思主义哲学,抵御自然主义和科学主义的盾牌"。然而,"一旦辩证法被置于历史的疆界中,它的内容只能是历史的主体-客体间的相互作用。而作为历史的主客体同一的无产阶级,就代表了历史的方向。无产阶级的阶级意识成为历史过程的真理。当他把历史作为马克思的本体论时,自然辩证

---

① "从熊十力思想发展的走向来看,其著《新唯识论》以前,主要在于'明体',他对空宗'扫相见体'的盛赞,也主要是从'贵在见体'的角度说的。但是,《新唯识论》以后,在三四十年代以来近二十年的时间中,他的探索重心便不仅仅是'见体',而是体用不二原则下二者的互渗互证,表现出来,也就是中与西、传统与现代的互校互证。自然,这其中有从'体'的角度看'用',也有从'用'的角度看'体'。这种体用不二逻辑的进一步展开,必然指向其晚年的大用发皇,即从'用'的角度、以即用见体的方式对'体'作出再诠释,而其晚年对'摄用归体'的批判与对'摄体归用'的提倡,正是其从'用'的角度对'体'进行再诠释的理论表现。"(丁为详. 熊十力学术思想评论 [M]. 北京:北京图书馆出版社,1999:57.)

② 熊十力. 原儒 [M]. 北京:中国人民大学出版社,2006:228.

③ 王锟. 熊十力与怀特海本体论之比较 [J]. 人文论丛,2009:521.

④ 许光伟. 主体社会与知行合一:王阳明学术思维研究——兼谈中西对话的方法论问题 [J]. 经济思想史研究,2019 (1).

法就必然被排除于马克思的理论学说之外"。澄清这一点后，卢卡奇开始"把自然本体论确立为社会存在本体论的前史"，他指出，"第二国际的理论家们，则是——在康德主义和实证主义的影响下——从纯认识论的观点出发来考虑所有这些问题的，因此，他们不是用教条主义把历史唯物主义僵化，就是用唯心主义取消历史唯物主义……后来在斯大林时期，一方面产生了一种新的教条主义；另一方面，反对这种教条主义的人们则没有找到通向真正的马克思的本体论的道路，他们试图脱离辩证的世界观，脱离本体论上的唯物主义的和辩证的世界观，来从哲学上论证历史唯物主义"。①

体不是神秘的，由理论形成把握体，复由方法论线索看待体，就彻底统一了"对象之体"和"太极之体"。同样的道理，用亦不是模糊不可辨认的；依中国人的说法，它体现在实践和理论统一中，具象在"知行合一"中：这个行即"实践"，这个知即"理论"。显然，中国人说的理论乃是研究对象（规定）和一定知识结构的统一。简言之，这些规定和线索凸现了整全意义的"体用不二"。然则，熊十力不凡的工作同样赋予了"哲学批判"以方法论的实际意义。试想如果马克思不写就《资本论》第一卷（按"史书工作规定"的方式），那它的第二卷、第三卷会有怎样的意义？依我们看，至少是有"方法论的意义"——如果它可以成为"哲学书"的话。前面指出，《资本的流通过程》展示能变之本体的"翕"（"合生"之表现），《资本主义生产的总过程》展示"能变之本体""辟"的方面（对应表现"转化"之功用）。② 于是，《资本论》第一卷是说"具体劳动和抽象劳动的不二"，第二卷是说"研究对象的境和生产关系的识的不二"，第三卷是说"资本的体和资本的用的不二"。其间损失掉的即是"历史批判（规定）"。但如果不究通史，如何能够了解自然科学和社会科学一向是"体之不离、用之不二"的呢？又诚如十力先生所言："中国社会数千年来，在生产方面始终不离农业本位。若以西洋社会变迁的各种阶段强相比拟，终无是处。如果以为不离农业本位之故，或拟为奴隶社会，或拟为宗法社会、

---

① 卢卡奇. 关于社会存在的本体论——社会存在本体论引论 ［M］. 白锡堃，等，译. 重庆：重庆出版社，1993：15 – 19.
② 要知道，熊十力的翕辟论所要说明者正是本体呈现为现象的过程。

封建社会，就片段看去，固然好似说得过去。但如通其全而论之，中国的文化方面，如哲学思想的无神论与心物不分的观念，与世界观念及实践观念等，均是极高尚宏博纯粹而无可菲薄的。艺术思想的优越，更是中外公认的。道德方面的宽博态度，更不可求之今日西洋社会。"①

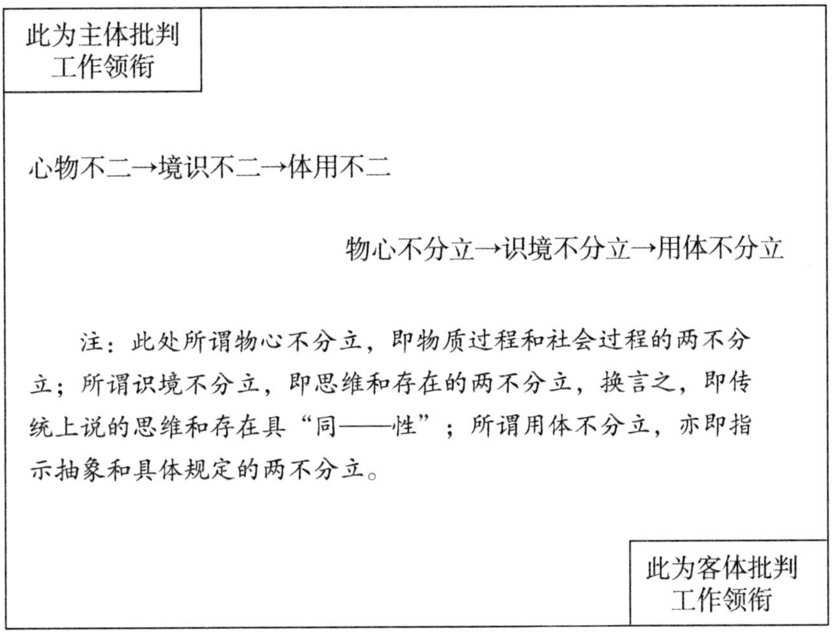

```
┌─────────────────────────────────────────────────────┐
│ ┌───────────┐                                         │
│ │此为主体批判 │                                         │
│ │  工作领衔  │                                         │
│ └───────────┘                                         │
│                                                       │
│   心物不二→境识不二→体用不二                            │
│                                                       │
│              物心不分立→识境不分立→用体不分立           │
│                                                       │
│     注：此处所谓物心不分立，即物质过程和社会过程的两不分 │
│   立；所谓识境不分立，即思维和存在的两不分立，换言之，即传 │
│   统上说的思维和存在具"同——性"；所谓用体不分立，亦即指 │
│   示抽象和具体规定的两不分立。                          │
│                                        ┌───────────┐  │
│                                        │此为客体批判 │  │
│                                        │  工作领衔  │  │
│                                        └───────────┘  │
└─────────────────────────────────────────────────────┘
```

图3　政治经济学批判之工作原理示意

所谓主体批判、客体批判，即政治经济学批判意蕴之"本体论批判"，只不过一从主体社会进行，一从客体社会进行。据图3指示，客体社会的"物心不分立"是和"心物不二"对应和呼应的，一言以蔽之，它把主体和客体实践关系具象化了。顺着这个思路，可以了解熊十力毕竟是中学人物，而以"境论"挂帅，而终不会跌入客体知识的泥淖；反过来看，卢卡奇的"识"是兼容"境"规定的，而能够于非人格化层面掌握思维与存在的关系，换言之，"这是从认识论角度对'思维和存在的关系问题'的论证，或者说，这才是认识论所要解决

① 熊十力. 论六经·中国历史讲话［M］. 北京：中国人民大学出版社，2006：236.

的问题"。① 最后，和主体社会"据体而批判"路线大不同，客体社会是"据用而批判"，从而特别看重的是具体作为"具象之体"的用的规定。换言之，是首肯了这样的批判线路："马克思的经济学贯穿着一种科学精神，这种精神从未放弃在本体论的意义上的这种更为自觉和更为批判性的变化过程，不如说，他把本体论的意义作为一种持久、有效的批判性标准，把它运用于对每一种事实或每一种关系的确定中。一般来说，这里涉及一种科学性，它从未丧失掉同日常生活的这种自发本体论态度的联系，实际上相反，在马克思那儿他始终在纯化和发展这种联系，并且自觉地强调必然作为所有科学基础的本体论的规定。恰恰在这里，马克思的经济学明确地把自己置于任何一种以逻辑的或者以其他方式进行建构的哲学的对立面，但是，批判地拒绝在哲学中产生的虚假本体论，绝不意味着这种科学性接受了一种原则上反哲学的立场。相反，这儿所涉及的是把日常生活的自发的本体论和科学的、哲学的正确自觉的本体论自觉批判地结合起来。"②

综上所议，熊十力的系列"不二"范畴显然可以视为本体论批判路向的认识创设。然就"哲学方法论意义"而言，《资本论》第二卷非以"境识不二"（系统发生学逻辑）工作命名不可，第三卷非以"体用不二"（现象发生学逻辑）工作命名不可，这也成就了第一卷和第四卷之间特殊意义的"心物不二"。说明"哲学批判"终归是不独立的，既是政治经济学批判的思想前奏，也是它的思想合理之总结和实践领域之广化深化。这就使"不二"进一步成为主体思想识别自身的认识工具，并成为"主体批判"实体关系现代发挥之凭借。

六、 行动主义的辩证法问题： 中国主体批判及其思维学意义

从学科工作的属性看，熊十力一生主张之批判乃属中华辩证法意义的"主

---

① 刘永佶. 劳动主义：上卷［M］. 北京：中国经济出版社，2011：6.
② 卢卡奇. 关于社会存在的本体论——社会存在本体论引论［M］. 白锡堃，等，译. 重庆：重庆出版社，1993：649 – 650.

体批判"，盖因他的本体主要由思维学的层面予以规定，又以行动主义的意义赋予之，得出所谓"乾阳坤阴，相反相成"的根本行动法则。然则，若要询问辩证法的构成的内容，这在十力先生这里似乎是没有答案的。但熊十力强调，"大地上凡有高深文化之国，其发明辩证法最早者，莫有如中国"，中国哲学中的天人、心物问题，"则亦因辩证法之发现而不堕一偏之执"。不仅如此，十力先生还对辩证唯物主义发出由衷之赞叹："辩证法唯物论兴，其所融会贯穿者弘远精确，而后有总揽科学各门类而指导之伟绩，不得不惊叹也。"① 可以说，熊十力的体用不二等观点具有一般的哲学意义，尤其对体用辩证关系之论证，突出了辩证法结构的实存关系。按李建平教授的认识，它"包括唯物史观、唯物辩证法、实践认识论在内的方法论构成"，"唯物史观始终是方法论的基础，唯物辩证法是具体运用的基本方法，实践认识论则是贯穿其中的根本方法"。② 这依旧是个笼统的和比较原则性的看法，只是启发我们认识到，马克思主义是由"一整块钢铸成"的科学的总体方法论体系。依照列宁的看法，马克思主义辩证法是活的构成和行动指南，亦即，"在这个方法论体系中有三个层次：总体层次的方法是马克思主义的整个世界观，它是指导社会主义运动的'活的行动指南'；基础层次的方法是唯物辩证法，它是'马克思主义中有决定意义的东西'；核心层次的方法是'对具体情况作具体分析'，它是'马克思主义的精髓，马克思主义活的灵魂'"。③ 之所以如此，盖因辩证法的体用结构特质，例如《资本论》按其工作性质，同样具有"活的辩证法"工作体系，即"发生学工作逻辑、政治经济学批判和劳动二重性"，总体而言，这就是"马克思对'辩证法架构'的奠基"。④ 然则，我们不打算按照蔡继明教授的认识系列"政治经济学→马克思主义政治经济学→中国特色社会主义政治经济学"前进，因为那样的话，仅仅导致一个单纯学科逻辑的"从一般到特殊再到个别的逻辑演变和历史发展"。⑤

① 景海峰. 试论熊十力的体用观 [J]. 深圳大学学报：社会科学版，1985 (3).
② 谭苑苑，李建平. 社会主义政治经济学方法论探索：从马克思到习近平 [J]. 毛泽东邓小平理论研究，2018 (11).
③ 王晓林. 列宁论马克思主义方法论三个层次 [N]. 学习时报. 2015 – 1 – 26.
④ 许光伟. 《资本论》辩证法的三个认识维度——兼析马克思思维的发生学研究 [J]. 经济纵横，2017 (8).
⑤ 蔡继明. 中国特色社会主义政治经济学的辩证法 [J]. 改革，2016 (2).

所以，事实上无法说明"马克思主义经济学基本原理与方法论的内在统一性"。[①]

与之相反，立足历史和中国工作本位，我们认为正确的前进应该是：经济学或中国经济学→政治经济学或中国政治经济学→马克思主义经济学或政治经济学→中国特色社会主义政治经济学。这显然也是一个完整的辩证法工作链条，它包括如下的辩证法的运动层级："学科工作规范"（"经济学或中国经济学"前进系列）、"方法论规范"（"政治经济学或中国政治经济学"前进系列）、"科学规范"（"马克思主义经济学或政治经济学"前进系列）以及"理论工作规范"（"中国特色社会主义政治经济学"前进系列）。

简括而言，在第一运动层级，它决定辩证法的基本构成形态是"行动主义（唯物主义）"；这种学科规定的辩证法是素朴的，工作内涵直接导向于自然学科和社会学科以及主体关系和客体关系的自身规定，揭示的是"阴阳型矛盾（规律）"的自发、自为状态。第二运动层级直接和"行动主义＋唯物主义"构成形态相对应，表明这个层级的辩证法规定在"行动主义"和"唯物主义"的运动侧面相对分立，由此衍生了辩证法的各种历史工作形态。第三运动层级中理论被推到自觉状态，辩证法重新统一为一门统一的方法论学科和批判的方法论和认识论科学，构成形态转型为"行动主义辩证法＋唯物主义辩证法"，而这无疑也是马克思主义辩证法的基本构成。显然在这一运动层级中，"对立统一型矛盾（规律）"开始作为认识力量、作为自觉性的领导力量而发挥作用，即作为自为行动规定和"普照之光"，它左右支配着人类的行为系统。按照黑格尔的极为特殊的说法，"当精神达到概念时，它就在其生命的这种以太中展开它的定在和运动，而这就是科学。在科学中，精神运动的各个环节不再表现为各种特定的意识形态，而是由于精神的差别已经返回到了自我，它的各个环节就表现为各种特定的概念及这些概念的有机的、以自身为根据的运动"。[②] 中国特色社会主义政治经济学正是基于这一际遇和整体借助了"第三运动层级"的力量规定性，才正式登上了人类历史舞台，开始全方面展露自己的工作内涵，它在辩证法构

---

① 邹升平. 创新发展中国特色社会主义政治经济学的辩证法——兼与蔡继明教授商榷 [J]. 改革, 2016 (4).

② 黑格尔. 精神现象学：下卷 [M]. 贺麟, 王玖兴, 译. 北京：商务印书馆, 1979：272.

成形态上的贡献即在于全面推进行动主义与唯物主义辩证法的规定性的融合，使其结成统一形态的"实践辩证法"。可见，"中国特色"的出场语境乃是"历史"和"辩证法"；"中国特色社会主义政治经济学必须视为政治经济学社会主义部分之'理论经济学'"。① 马克思主义理论工作者因而只能也必须牢牢抓住"马克思主义的总体方法论是辩证法"这个牛鼻子，从事中国特色社会主义政治经济学的创新性研究，使自身成为最高意义的理论规范，舍此没有他途。

《周易》由于坚持以相互作用为基础的主客体的互系认识，坚持人与自然关系的总体性优先，坚持对社会系统进行结构性把握的实践观，成为历史上最为典型的总体方法和工作逻辑的理论先驱。可以毫不夸张地说，中国是世界文明史上学科体系最先完备和保存良久不变的唯一国度。一言以蔽之，中国是物质大国，中国更加是行动的国度。在这当中，尤为值得一提的是"中国经济学→中国政治经济学"层级的运动转化。对中国而言，简言之，这是中华工作规范与批判逻辑，标识了行动主义辩证法之历史崛起与根基奠立。这个机理恰好彰显了经济学科和中国特色社会主义的总体关联，并说明了现实社会主义的重大实践特征。其作为方法论规范，意在推进《周易》与《资本论》"思想共同体"的历史发展进路，从中国工作方面提升学科规定为"科学性的品位"，进一步为阶级科学宏基。"在当代经济学说中，没有任何一种经济理论比中国特色社会主义政治经济学更能坚守原有的核心观点和理论原则，更能焕发出迷人的活力。"② 然则，社会主义通过实践辩证法的规定使自身成为一般辩证法和特殊辩证法的结合体，或者说在对象和研究对象的两方面规定当中使"唯物主义辩证法"和"行动主义辩证法"相得益彰，这就将传统中国阴阳的意义锁定于辩证法的一般规定（物质性和对象思维）和特殊规定（行动性和面向理论的象思维、势思维）。"它表明社会主义市场经济必须基于'主体社会'和'客体社会'这两个规定进行'思维取象'，以利于建立对'资本'进行历史扬弃的批判的知识理

① 许光伟. 主体社会与知行合一：王阳明学术思维研究——兼谈中西对话的方法论问题［J］. 经济思想史研究，2019（1）.

② 侯为民. 正确认识中国特色社会主义政治经济学的重大原则［J］. 桂海论丛，2017（5）.

论。"同时需要充分注意到，"在现代场域中，中国人的方法论概念是从'中西学术对话'中逐渐得到彰显的，思维科学是极其重要的一个维度和'互解'通道"。①

要之，从主体批判进发，十力先生以主体建构客体，充分肯定了主体在认识和改造客体中的能动性。熊十力指出：在本体的大化流行之中，翕与辟是有主次之分的；辟刚健向上，它的这一特性其实是本体自性或其表现，因此，不能把翕当作是主宰，主宰是辟。这是从领导力量上说的。在用机制上，十力先生亦强调："翕辟是相反相成，毕竟是浑一而不可分的整体。"即翕辟发挥作用时不分先后，同时而起，缺一不可。"如果只有辟而没有翕，那便是莽莽荡荡，无复有物。如此，则辟的势用将浮游靡寄而无运用之具……如果只有翕而没有辟，那便是完全物化，宇宙只是顽固坚凝的死物。既是死物，它也就无有自在的力用，易言之，即是没有主宰的胜用，而只是机械的罢了，然而事实上宇宙却是流行无碍的整体。"②"夫辟势运行乎翕或一切物之中而不受物之锢缚，所以说为主宰。此主宰义，虽于用上见而离用无体，则主宰一词亦可以目本体，因从用识体故。"所谓："辟是称体起用，称者，谓辟不失其本体的德性，是即用即体，故言称也。"③

无独有偶，在用机制上，马克思同样发现"一般利润率下降趋势反映了资本主义再生产的内在问题"，所以它成为"现实主宰"；结论是，"分配运动不说明或决定利润率，相反是以之为中心的外在运动形式和现实关系。利润率决定的说明过程始终在《资本论》第一卷和第二卷中。相应地，围绕这个决定过程而生成的'规律'，是根据对社会历史运动进行生理性剖析所得到的认识成果。因而'从历史的观点来看，这是最重要的规律'，'是理解最困难的关系的最本质的规律'"。④ 体－翕－辟，作用力量逐级传递，共同塑造了"现实的主宰

---

① 许光伟. 主体社会与知行合一：王阳明学术思维研究——兼谈中西对话的方法论问题［J］. 经济思想史研究，2019（1）.

② 熊十力. 熊十力全集：第3卷［M］. 武汉：湖北教育出版社，2001：102－105.

③ 熊十力. 新唯识论［M］. 北京：商务印书馆，2010：202.

④ 许光伟，谌洁.《资本论》第三卷的逻辑：现象发生学［J］. 经济评论，2012（1）.

物"。这解释了符合资产者意识和观念的现象规律的发生机理，对物化路径的批判来讲，则是"解蔽行动"；换言之，这也是"资本的用心"。一言以蔽之，资本依靠自己的本体所构筑起来的庞大的"物象世界"，乃是即生即灭的，没有永存之可能性，仅是一暂时性存在的工作规定。

然则，何谓本体论批判？"可谓是从'是什么'问题的分析开始，转到求索'如何来'和'为什么'，最后专注于对'是什么'予以深刻性揭露和批判"，是试图"体现由方法论批判衍生出理论和理论批判的方针。"① 请看卢卡奇的一个抱怨和说明："时至今日，即便是在那些自称是摆脱了宗教的思想家、科学家们中间，总是有一些人把受宗教对存在的解释制约的论点奉为对本体论具有重要意义的论点，相反，除了马克思之外，却很少有人对科学方法对本体论的重要意义进行真正的批判的考察，这实在是太可以理解的了。"② 综合图 2 和图 3，以解释学对待和用政治经济学批判内部启发之，工作效果截然不同，这可以说即是一切"非马克思主义文明派"和马克思主义学说体系治学理念的根本分歧所在。然则，中国特色社会主义政治经济学究竟需要怎样的批判规定？中国特色社会主义政治经济学的方法论品性在于行"劳动阴阳"之道，发挥"资本五行"之德，将资本蕴含矛盾的规定的消灭看作一个长期的历史过程，看作由建设力量发动的社会有机体控制的过程，进而在这当中，处理好批判与进化、批判与调节的各方面工作关系。于是，"正是在深入于实在主体之自我活动这个关键之点上，《资本论》的方法展现出这样一种时代意义"，它拒绝"抽象的外部反思"，"要求任何历史科学或社会科学面向既定社会的自我活动，从而使这种自我活动能够得到辩证地揭示和把握，并使之在其独特而丰富的社会 – 历史规定中被具体地再现出来"，显然在某种意义上，"这种理论方法对于讲中国语的哲学社会科学来说，意义尤为深远"。③

由体而用，即用显体；一言以蔽之，以历史启发方法论，以方法论启发理

① 许光伟. 保卫《资本论》——经济形态社会理论大纲［M］. 北京：社会科学文献出版社，2014：写在前面，17.
② 卢卡奇. 关于社会存在的本体论——社会存在本体论引论［M］. 白锡堃，等，译. 重庆：重庆出版社，1993：28.
③ 吴晓明.《资本论》方法的当代意义［J］. 经济纵横，2018（7）.

论（结构），复以理论启发知识结构，形成实践与批判之"落霞与孤鹜齐飞""春景与繁花并茂"。梁漱溟曾经声称，"我承认马列主义，可惜马列主义不承认我"。这实际是"中华话语"于现代语境遭遇完全失声失传的结局表现。正如梁漱溟所坦言："余以为，马列主义毕竟宜中国化；毛公思想固深得马列主义之精萃，而于中国固有之学术思想，似亦不能谓其无关。"① 由本体论批判如何进行下去的问题必须深层次涉及中国道路的本宗与源流整合问题，换言之，需要寻求中国道路之"政治经济学批判和本体论批判"。"在该总体研究范式——也可以称之为'马克思范式'中，历史全面地进入认识论、逻辑，进入理论、方法论，乃至进入一切科学，成为科学的内在构成。"然则，"'历史'说到底不仅仅是解释学，而且是解释的标的（内容）本身，即实践模式"。②

关于清末以后之学术走向，十力先生是这样总结的："清季至今，学界尽弃固有宝藏，不屑探究。而于西学，亦不穷其根底，徒以涉猎所得若干肤浅知解，妄自矜炫；凭其浅衷，而逞臆想，何关理道？集其浮词，而名著作，有甚意义！以此率天下，而同为无本之学，思想失自主，精神失独立，生心害政，而欲国之不依人，种之不奴于人，奚可得哉！"③ 资产阶级经济学主流教科书到处"物心两立"，以主观供求曲线为"知识原理"，且为"虚假本体"，倒溯理论（原理）和知识结构，并和国内"西化派"遥相呼应，就对知识生产与传播形成了"唯心主义""神秘主义"的双重性垄断。这就需要中国特色社会主义政治经济学工作雄起，以批判逻辑重拾本真的思维学路线，通过再造主客批判之规定，消除当日境况之尴尬。

（作者单位：江西财经大学经济学院）

---

① 丁为详. 熊十力学术思想评论 [M]. 北京：北京图书馆出版社，1999：54－55.
② 许光伟. 论马克思企业理论的构图 [J]. 江汉论坛，2011（1）.
③ 丁为详. 熊十力学术思想评论 [M]. 北京：北京图书馆出版社，1999：43.

经济发展思想的中国印记

——评《中国特色发展经济学：探索与构建》

颜鹏飞

发展经济学是二战后逐步形成的经济学分支学科，主要研究发展中经济体的经济发展和追赶问题。西方发展经济学以农业工业化和农村人口城市化作为切入点，继承并发扬了经济学的结构主义分析方法，形成了一系列有别于主流西方经济学的理论结论和政策建议。当前，西方发展经济学的发展正遭遇困境。由于发展经济学研究对象始终未能得到明确界定，这导致其学科定位模糊不清。经济学研究对象是通过其研究的具体领域确定的，例如，区域经济学研究区域经济布局和资源的空间配置，产业经济学研究产业组织和产业结构，劳动经济学研究就业、工资和收入分配问题，而发展经济学的研究对象被界定为欠发达经济体的经济发展和追赶，而欠发达经济体本身就面临着各个领域的具体经济问题，譬如区域问题、产业问题、收入分配问题、资源环境问题。如果将发展经济学界定为研究所有这些问题的大综合，那么，发展经济学涵盖的内容将非常庞杂。换言之，由于西方发展经济学缺乏一条核心主线，其学科定位与其他经济学学科严重重叠，无法突显其独特的研究特色。

新中国成立以来，特别是改革开放以来，中国经济发展取得了举世瞩目的成就，但尽管如此，中国目前仍然是世界上最大的发展中国家，仍然面临着加快经济发展、实现民族伟大复兴的历史任务。面对西方发展经济学遭遇的困境，尤其需要中国经济学界重新审视我们所面临的发展机遇和现实难题，在建设现代化经济体系，推动经济高速增长转向高质量发展。也正是在这一时代课题的要求下，武汉大学周绍东研究员的新著《中国特色发展经济学：探索与构建》（以下简称本书）以"生产方式的系统性变迁"为核心主线，着力为经济发展思想增添中国印记。

本书从马克思主义唯物史观出发，将发展经济学的研究对象界定为欠发达经济体生产方式的系统性变迁。因此，中国特色发展经济学的研究对象是在中国特色社会主义制度背景下生产方式的系统性变迁，这同时也就明确了发展经济学的核心主线。发展经济学之所以要研究生产方式，一个重要的原因就在于：后发经济体的经济追赶行为，实质上是生产方式变迁的过程。发展经济学的创始人之一——张培刚先生早在其1945年著成的博士论文《农业与工业化》中就对"工业化"做如下界定："国民经济中一系列基要生产函数，或生产要素组合方式，连续发生由低级到高级的突破性变化的过程。"[1]

这里的基要生产函数或生产要素组合方式，实际上就是指生产方式——劳动者与生产资料相结合的方式。后发经济体的经济追赶活动，就是其以农业生产为主的要素组合方式向以工业生产为主的要素组合方式的演变。

总的来看，本书在坚持马克思主义基本原理的前提下，以理论创新引领重大现实问题研究，以"生产方式的系统性变迁"为研究对象，联系生产方式（一般）研究生产力，联系生产方式（特殊）研究生产关系，将微观层面的主体行为、中观层面的区域和行业资源配置、宏观层面的制度建构等多个领域纳入研究视野。一方面，本书着力进行理论建构，形成"生产力－生产方式－生产关系"的发展经济学框架；另一方面，应用这一框架积极开展实践探索，力图回答中国特色社会主义建设过程中的重大经济发展问题。正如本书结论部分所指出的：中国特色发展经济学不仅是中国特色社会主义政治经济学的有机组成部分，同时，以发展为主线，以中国特色为视角，也是构建中国特色社会主义

---

[1] 张培刚. 农业与工业化 [M]. 武汉：武汉大学出版社. 2013：33.

政治经济学理论体系的新路径。我认为，尽管本书还存在一些技术上的问题，但在思路构建和分析方法的运用上，比较好地彰显了政治经济学与中国发展实践的结合，是一部较有特色的发展经济学专著，为中国发展经济学的发展增添了浓墨重彩的一笔。

（作者单位：武汉大学）